ナイル川を下ってみないか

野田知佑

表紙写真（表・裏）＝渡辺正和

日本の自然は、それでも尚、世界一美しい

四〇年前まで日本にはアウトドアという言葉がなかった。

当時、ぼくは海外旅行雑誌の記者で、欧米やオーストラリア、ニュージランドで、カヌーを含むアウトドアを楽しむ人々を目にした。先進国では皆、長期の有給休暇を取り、夏には遊び道具を車に満載し、車の屋根にはカヌーやボートを必ず積んで、自然の中へ出かけていた。

三十五年前に専門誌『BE-PAL』（小学館）が発刊され、日本にアウトドア業界ができ、アウトドアを職業とする人間が出てきた。

アウトドアとは野山で清遊することだ。

それまで日本では、「遊ぶ」というのは飲む、打つ、買うことであった。「川遊び」というのは、芸者を大勢川舟に乗せて、三味線をかき鳴らして酒を飲み、川を下ることであった。

その頃、九州から母が上京してぼくを訪ねてきたことがある。ちょうどその日、ぼくは椎名誠たちと四万十川にいき、川を下ることになっていた。

母は、仕事だといってもわかって貰えず、「遊んでばっかりおってから」と怒っていた。

全国の電柱が木製からコンクリート製に替わった時、その古い電柱を使って丸太小屋や遊び場を作ることが流行った。熊本の友人が九州で初の丸太小屋を作った。小屋の近くに川が流れていて、

レンタルカヌーを始めた。その時、九州の多くの大人がそこで初めて川で自由に遊ぶ快感を知った。

「ここにくると、人の眼を気にせんで大人が遊べるのが、ほんによか」

しかし多くの者が、周りの人間から、「そんなに遊んでばかりいると、嫁さんが貰えんぞ」といわれた。半ば本気なのである。「遊び」の社会的地位が恐ろしく低く、カヌーを担いで川にいくわれわれを、世間は白い目で見た。カヌー業界、アウトフィッター（レンタルカヌー屋）という言葉ができたのも、ごく最近のことだ。

一九九六年にモンベルクラブが会報誌『OUTWARD』を出し、それにぼくの国内外の川旅やその時々のアウトドア生活の近況を書くようになった。この二〇年間の連載をまとめたのが本書だ。

川に関しては、欧米諸国より日本の川の方がいい。水温が高く、本来水がきれいで遊びやすかった。しかし、一九六〇年代から川の上流にはダムや砂防ダムが次々と造られ始め、蛇行した川を直線にする工事が多くなった。そのうえ、川には漁業組合というものがあって、土日ともなるとアユ釣り師が多かった。パドラーも川で遊んだことのない人が多く、釣り師の真ん前にきて、「何が釣れるんですか?」などと無邪気に訊くので、いつも石を投げられた。

その頃、日本では川も海も自由ではなかった。川をカヌーでいくには、官憲の許可が必要だと思いこんでいる人が少なくなかった。

一九六二年に堀江謙一が太平洋をヨットで横断した時、全国の新聞が密出国事件としてこれを取り上げ、帰国したら逮捕されるであろうと報じた。しかし、到着したサンフランシスコで彼が英雄として歓待され、アメリカ中がその単独航海を称賛すると、日本のメディアは態度を一変させ、こぞって彼を誉めた。日本はあらゆる意味で後進国であった。

その数年後から、ぼくは窮屈で自由がなく、遊びができない日本を脱出して、海外の川にいくことが多くなった。外国にいって驚くのはその自由さだ。水温が低いのが難だが、外国の大河を下る痛快さは格別だった。

カナダ、アラスカを流れるユーコン川には二十数回いった。カヌーにテントや折りたたみ式の机とイス、本と酒をどっさり積み、相棒の犬と一緒にゆっくりと川を下る。

三〇年前に、ガクという初代カヌー犬が出現した。ガクの二匹の息子タロウ、テツも死に、現在、三代目カヌー犬のアレックスとハナがぼくのフネに乗っている。犬は人間よりよほどいい旅の相棒だ。不平不満は何もいわず、文句もあるのだろうが、いつも黙ってぼくの前に座っている。

ユーコン川というと日本では大冒険と見られているが、この川を下る人の大半がカヌー初心者だ。特に上流の七〇〇キロは観光ルートで、毎年数千人が二週間のツーリングカヌーをして楽しんでいる。

日本では、現在でも一週間以上の有給休暇を取れるのは公務員だけだ。カナダ・ユーコン準州政府が日本人向けのツーリングカヌーの一週間コースを作ったが、そのツアーに参加する九割の人が公務員である。一般の日本の勤め人はまだ一週間の休暇を取るのも苦労している。一カ月以上の有給休暇を取れるのは、ドイツとフランス、オランダだといわれる。

三年前、長年気にかかっていた筏によるユーコン川下りをやった。左右の腕に犬を抱き、筏の上でビールを飲みながら下るのは楽しかった。犬は筏に飽きると川に飛びこみ、泳いで体を冷やし、またひょいと筏に上がってきた。筏の上で昼寝をすると、犬たちもぼくのそばで眠った。この旅については、また別のところで詳しく書いている。

まだまだ日本はアウトドアが遅れている。

国内外の川で見る日本のパドラーの多くはただカヌーを漕ぐだけだ。泳いだり、魚を捕ったり、本を読んだり、といった遊び方に慣れていない。カナダやアラスカにいくと先住民がいるので、それを怖がり、川の中州でしかキャンプをしない日本人もいる。小さな島国に住む日本人が、外国にいって外国人と同じフィールドで楽しみ、仲良く遊ぶようになるには、まだ時間がかかる。

五〇年前の日本は世界に誇る美しい海、川、山を持っていた。その頃の自然を知っている者から見れば、現在の日本の自然は見る影もないが、それでも尚、世界一美しい。

この自然をもっと遊び尽くしたい。

愚劣な国策や教育のために、自然で遊べる日本人が減った。しかし、まだ自然の中で上手に遊べる日本人がいる。

野山の遊びの名人たちがこれからもっと増え、日本の自然が復活することを期待する。

二〇一六年一〇月　徳島　日和佐《ひわさ》にて

野田知佑

◆第一章◆

世界の川へ

「父ちゃん、それじゃあ、
ぼくはこの時期にムースを射っていいの？」
　父親がいった。
「ダメだ。お前はそれほどインディアンじゃない
(You are not so much Indian.)」
「チェッ、もっとインディアンだったらいいのに」
　カナダ、アラスカでは先住民であるというのは、
人もうらやむいい身分なのである。

カナダ・アラスカ　ポーキュパイン川

三十数年前の夏、ぼくはカナダのポーキュパイン川を下っていた。ユーコン川に流れこむ大きな支流で、それは上流ではイーグル川と呼ばれ、次にベル川と名前を変え、それからポーキュパイン川になる。

カナダ・ユーコン準州の州都ホワイトホース。そこから車で未舗装の道を一〇時間走るとイーグル川の出発点に着く。

川面に魚紋一つ見かけず、これはと思うポイントで竿を振ってみたが、魚は一匹も掛からなかった。イーグル川を三日間、一日十二時間漕ぎ、ベル川に出た。ここからやっとパイクが釣れ始め、ぼくの食生活は安定した。手持ちの食料はラーメンとソーセージだけで、食料の半分は自給しつつ下るのだ。釣ったパイクを三枚におろし、その肉片を焚き火であぶり、残った魚は煙で燻製にして保存食にした。

ベル川を四日間漕ぐとポーキュパイン川に入った。川は大きくなり水も増え、あちこちで飛び上がる魚の姿が見え始めた。時々ドボーンという大石を投げこんだような水音がするのは、キングサーモンが跳ねているのである。キングの大きなものは三〇キロ近い重量だ。

ある日、銃声を耳にした。カーブを曲がると大きな船外機をつけたボートが一つ、岸につないである。そこにフネをつけて森の中に入った。二人の先住民の青年がしゃがみこんでムースの解体をしているところだった。

岸でコーヒーを沸かしていると、解体を終えた青年がやってきた。この下流の村の男たちで木を伐《き》りにきたのだという。伐った木を筏に組んで、自分の村まで持って帰る。その木は村に住む身寄りのない老人たちに薪として配られる。さっき解体したムースの肉も老人たちに優先的に配られる。極北の先住民の集落では昔からこういった相互扶助、弱い者優先のシステムがある。

青年たちはそれから三時間ほど岸近くの木を伐った。直径三〇センチ前後のトウヒを切り倒し、それを六メートルほどの長さに伐り揃え、川に引きずり出し、ロープでつないで筏にした。

出発の時、青年たちは筏の上にぼくのカヌーを乗せた。カヌーのヒッチハイクである。これだとぼくはゆっくり昼寝をしながら川を下り、コーヒーを飲みつつ優雅に時間を過ごすことができる。筏の後ろにモーターボートを置き、筏を押しつつわれわれは川を下った。二人の青年と問答を交わす。

「今、君にとって大きな問題は何だ?」

「仕事がないことだね。働きたいんだけど、いい仕事がない」

「どういうことをやりたいの?」

「もっと、定期的な仕事がいい」

もう一人の青年がいった。

「ぼくは今のままがいいよ。金がなくてもうちの村では人間らしく生きていける。金があっても男たちはそれで酒を飲むばかりじゃないか。俺は今の生活が好きだ。季節に応じてその時の仕事をきちんと月々にある仕事なんて意味がない」

これは世界中の地方都市に住む青年に共通した問題なのだろう。

カナダやアラスカの奥地に住む人たちは、冬は罠猟による毛皮捕り、夏は網漁による漁業で動物の肉と魚肉を入手し、毛皮を売ることで現金収入を得る。これは二〇年前までの話で、今は毛皮が売れないから事情が違う。

夏捕った毛皮は毛が抜けやすく商品にならないので、夏は冬に備えて魚を捕り燻製にする仕事と、山火事の火消しや道路作り、村営住宅の建設、冬用の薪材の伐採などの小さな仕事をする。

川の流れに乗っていく筏の上でお茶を沸かし、ビスケットを食べた。半日筏に乗り、青年たちと別れた。筏は白夜の中をゆったりと流れ、視界から消えた。

岸に大きな白いテントが見えた。その前にカヌーをつける。イヌが吠え、男が出てきた。

「おたくの横にテントを張ってかまわないか?」

「いいよ。飯《メシ》の時間だ。食いにこいよ」

「ありがとう」

男は家族を連れてフィッシュキャンプにきているのだった。

大きなウォールテントは人間用のもので、もう一つのオンボロのテントは魚の燻製用のものだ。テントの煙突から煙が出ている。スモーク用のテントをのぞくとヒモのように小さく細く切った魚肉がずらりと吊るして干してある。キングサーモンの肉だ。もう一つのテントに入ると一〇人ほどの人間が食事をしていた。太ったおばさんがブリキの皿にジャガイモの煮たものと魚、肉を山盛りにして出してくれた。肉はムースの乾燥肉を水につけてもどし、少しやわらかくして煮てある。彼らは一週間前からここにキャンプし、テントの前に網を張ってサケを捕り燻製を作っているのだった。ムースをあてにしていたのだが、それが捕れないのでこの一週間魚ばかり食べている。明日は息子たちを連れて山に入りムースを捕りたい、とテントの主人はいった。

食後外に出てテントを張っていると、いきなり銃声がして、顔の横を弾丸がビュッと飛んでいった。見ると、ぼくの後ろに主人の息子が立っていて銃を構えている。誰かが「ムース!」と叫んだ。一〇〇メートルほど先の水際に一頭のムースが立ってキョトンとしている。青年は更に三発撃った。動物が水の中に倒れると、そこにいた人間は一斉に獲物に向かって走った。ふとぼくの横を見るとおばちゃんがならんで走っており、彼女の口から大量のよだれが流れていて、それが後方に長い尾を引いていた。

ムースにロープをかけて水の中を引っぱり、テントの前まで運んだ。男が水の中に入りムースの腹にナイフを入れて血を抜いた。女たちが川岸の柳の枝をたくさん切ってきて砂利の上に並べる。主人と息子二人が解体を始めた。皮を剥ぎ、首を落とし、内臓を切り離し、一つ一つ枝の上に並べる。男たちは内臓を取り出す時、躊躇せず靴のままムースの腹の中に踏みこみ作業をした。ズボンの裾や靴は血で真っ赤である。さっき食事したばかりだったが再び大釜にお湯を沸かし、宴会が始まった。肉のついた骨が次々にお湯の中に放りこまれる。数分後、それを取り出してしゃぶるのである。主人がぼくにいった。

「俺たちは食える時に食っておくのだ。食い物がない時は何日も我慢しなければならんからな」

食いだめをするというのだ。

その夜、ぼくは口がきけなくなるほど肉を食べ、相撲取りのような腹を抱えて寝た。

バフィン島

大まかに分けて南方志向と北方志向の人間がいる。ぼくは前者で、寒いところは苦手だ。夏は毎年カナダ、アラスカにいくが、これは単にそこは人間が極端に少なく、それだけ自由に遊べるという理由からだ。

ユーコンで三日も雨が降り続くと、真夏でも気温が五、六度に下がり、朝テントを開けると、身も心も凍るような寒風が吹いてくる。するとぼくは生きる意欲をすっかりなくし、今日は停滞だと決め、ウィスキーを飲みつつ終日本を読んで暮らすのである。ぼくが北極圏の川を下るのに、とても時間がかかるのはそういう理由による。

一方、何よりも北の寒いところを好む人たちがいる。この人たちは寒ければ寒いほど、辛ければ辛いほど機嫌がよくなる。若い時に山などをやり、年を取ってカヌーを始めた人にこのタイプが多い。「川に氷が張っていましてね、氷を割りながら進むんです（とうっとりしていう）。おまけに岩にひっかけて、沈しまして（とますますうっとりしていう）ずぶぬれで岸に上がると、猛吹雪になって、体が凍ってカチンカチンになりましてー」と、恍惚状態で嬉しくてほとんど失神しそうになっているのだ。この人たちはマゾなのではあるまいか。北海道のブルーベリー農園「アリスファーム」の元山男、藤門弘などは「野田さんは登山家という言葉を差別用語として使っている」と文句をいうが、仕方がないではないか。

C・W・ニコルも北方指向の男だ。彼の北極好きは年季が入っている。まず北国のウエールズ生まれの彼は、十七歳で北極探検に参加した。いき先はカナダのバフィン島である。十七歳の最初の海外渡航、それも探検隊の一員としていくというのだから、面白かったろう。彼はここで、青年の冒険心を一〇〇パーセント満足させ、おまけに現地で素敵な恋人まで見つけている。彼が北極のことを語る時、顔が輝くのも無理はない。そのニコルが一カ月の北極旅行にぼくを誘った。バフィン島についたのは、七月初めでこれから夏が始まるところだった。人々は夏だ、夏だと喜んでいたが、ぼくの目には一面氷に覆われたただの白い世界である。

この島は日本の一・四倍の大きさで人口一万人だ。われわれが泊まったのはマーフィーという男の持つ家で、テレビの取材班五人と一緒であった。マーフィーは名前からわかるようにアイルランド出の男である。数年前この島にやってきて、イニュイの女性と結婚し、子供が三人いる。ここは完全禁酒の島だった。酒を飲むことはおろか持ちこんだ人間も処罰される。罰則は二、三週間の入牢である。実はマーフィーも牢屋から出てきたばかりだった。彼は酔っぱらい、家にじっとしていればいいものを、わざわざ警察の前にいき、警官を挑発し逮捕されたのだった。ここでは牢屋に入ったからといって、囚人に無駄メシを食べさせるようなことはしない。道路の掃除をさせたり、囚人に銃を与えてアザラシやカリブーを撃ちにいかせ、老人や体の不自由な病人に肉を配る仕事をさせる。マーフィーは入牢して酒を一滴も飲まず毎日規則正しく肉体労働をし、すっかり健康になって出てきたのであった。

「ボーイスカウトのキャンプみたいでな、とても楽しかったぜ。もう一回入りたいくらいだ」

と負け惜しみをいった。実際、冬の厳寒期にしんどい思いをして暮らすよりは牢屋に入った方がマシだと考える男もいる。彼は人が見ている前で、わざと他人の家のガラスに石を投げて割る。すると彼はこの軽犯罪でめでたく牢屋に入れてもらえ、暖房完備、三食つきの生活を送るのである。

われわれの目的は夏の北極海にカヤックを浮かべ、そこで泳ぐクジラを見ようというものであった。カヤック二ハイ、それを撮影するテレビのクルーを乗せるフレイターカヌー（貨物用の大型カヌー）二ハイ、それを運ぶためのスノーモービル五台、手伝いのイニュイ十人という陣容であった。撮影に色を添えるために犬ゾリもつれていった。しかし、この犬たちはここ数年ソリを引いたこともなく、ただつながれっぱなしで運動不足であり、だれもこの犬ゾリには何の期待もしていなかった。

この時期北極海の氷は溶け始め、あちこちに大きな海面が現れる。アザラシ猟にいった男が新しい海面で数頭のクジラを見たという情報を持って帰った。

次の日われわれは出発した。海上の氷はあちこちで溶けかかり薄くなっていて、氷の上に水が、五、六センチの深さでたまっていた。一日走り、氷の上でテントを張った。ペグが打てないので、犬ゾリやスノーモービルを並べ、それにロープを張ってテントを建てた。

氷の上にトナカイの毛皮を二枚敷いてその上に寝た。夕食後、白夜の夏なので外は暗くならない。普通ならこんな時焚き火をしてそのまわりで酒を飲みながら話をするのだが、ここは酒もなし。焚き火にする枯れ木も流木もないので、みんな突っ立ったままお茶を飲み、もそもそとテントの中にもぐりこんで寝るだけである。焚き火のないキャンプは本当に味気ない。

イニュイにとって、アザラシがどんなものかぼくはよくわかっていなかった。普通の陸上に住む人間にとって、食べるものは野菜、穀物、果物、魚、肉がある。しかし、この氷の世界で人間が入手できるのはアザラシと時々クジラ、夏の間は魚、それだけである。アザラシは氷の上の人間にとって、われわれの米であり、肉であり、野菜なのであった。彼らはアザラシを肉だけではなく、内臓から脳ミソまで全部食べた。これが必要な栄養、ビタミン類を彼らに与える。移動の最中にアザラシの姿を見つけると、彼らは止まりアザラシを射った。

氷が解けた広い海面に出た。ここでわれわれはフォールディング・カヤックの一人艇と二人艇を組み立てた。ぼくが組み立てようとするとイニュイたちはぼくを押しのけて解説書も見ずぼくの説明も聞かずに、フネを組み立ててしまった。彼らはこういうことが好きなのだ。ポラシー爺さんができ上がったカヤックを手でなでている。

「昔はアザラシの皮で作ったカヤックに乗ったものだ。とても重くてね。このフネはずいぶん軽くて速そうだ」

「ポラシーそれに乗ってごらん」

彼は一人艇に器用に乗って嬉しそうに漕いだ。カヤックが初めての若い連中は二人艇に乗せた。海水は摂氏一度とか二度なので、沈したらすぐに引き上げなければならない。

貨物カヌーにカヤック二ハイを積み沖に出た。しばらくいくとクジラの潮吹きが見えた。カヤックを水面に降ろし、クジラを追った。ぼくとニコルはクジラに追いついてクジラと並んで漕いだ。北極セミクジラである。プフプフーッとクジラが息を吐き、ぼくは生臭いクジラの息吹に包まれるのである。

上陸してキャンプ地に戻ると、ニコルが手帖に英語で詩を書いてよこした。

「――――前略――――
矢のようにカヤックは進み
海を切り裂く
それは悲しみの海

遠い昔の思い出の海
そしてわれわれはクジラを見た」
——筆者訳——

クジラを見たあと、われわれは本拠地のパンナタンの村にいったん戻り、次の旅に備えた。日一日と夏が深まり、氷が溶けていく。村の前の海の氷は薄くなり、後退し、日に日に海面が大きくなっていった。その間ぼくは村を歩き、あちこちで話しこみ、友だちを作った。人口一一〇〇人の小村だから、一週間もいるとかなり顔が利くようになる。

フィッシュ・アンド・ゲームの事務所にいき、狩猟と釣りのライセンスを二十五ドルで買った。規則によるとよそ者のぼくは一日に四匹のホッキョクイワナと二匹のアザラシを撃つことができる。われわれのガイドの一人、スミオニ青年に聞いてみた。

「君たち先住民は制約はないの?」

「ないな。欲しいだけいくらでも捕っていい。しかもライセンスは要らない。タダだ」

「いいなあ」

と、つい羨望の声が出る。

隣のアラスカ(アメリカ領)でもそうだったが、ここでは先住民は非先住民に比べて様々な特権を持っている。この村にいる青年の多くは一度町に出て、職につき、都市生活を経験している。これら

Uターン組は自分の人生に対してはっきりした意見を持っていた。一人の青年はマニトバの大学をでて、大きな会社に就職。けっこう優雅な給料生活をしていた。なぜ帰ってきたのかと訊くと、彼はこういうのだ。

「最初のうちは都会のきれいなアパートに住んで、高い給料をもらって面白いと思っていた。しかし、一年もするとこれではダメだと思った。会社ではコンピューターのプログラマーだったんだが、あれだけで一日を終り、一年を過ごすのはぼくには無理だ。同じ仕事を一年中ずっと続けるというのは耐えられない。パンナタンの生活は肉類は全部自給だから、男たちはみな猟をやる。ある月はアザラシを撃ち、ある月はトナカイを撃ち、ある月はイッカククジラを追い、ある月は魚を捕る。いつもやることが変わっていて、しかもそれは最初から最後まで自分だけでやり通す。アザラシを撃ったらそれを解体し、頭から尻尾までみんな食べる。そういう作業に比べると、都会での会社勤めというのはぼくには単調で退屈だった。抽象的すぎて、働いているという実感がないのだ。自分のやっていることはいつも全体の一部なのだ。何かをやったという達成感がない」

アラスカやカナダの都会で仕事をしている先住民が、サケの漁が始まったなどといって仕事を放りだして家に帰ってしまうという話をよく聞く。狩猟というのは彼らにとってわれわれが考える以上の意味があるのだろう。カナダ本土のイニュイたちはかなり白人化してしまっているが、バフィン島では太古からの血を濃厚に持った者がまだ多いようである。

ニコルが昔のクジラ捕りに会わせてやろうとぼくにいった。彼が連れていったのはエッアンガト・

▲北極セミクジラをC.W.ニコルとカヤックで追った。

▲北極イワナを開いて陽に干す。バフィン島で。

アクサヨックという名の八十九歳の老人の家だった。この老人は若い頃この地にきて、捕鯨をやっていた白人たちと一緒にクジラを追っていた。ニコルが日本の捕鯨基地、太地《たいじ》（和歌山）で使っていたなぎなたのようなクジラの解体用ナイフを爺さんにお土産にわたした。「コイヨノミック（ありがとう）。これ大切にするよ」と爺さんはいった。

二回目の遠征に出かけた。ソリにカヌーを載せて運ぶ。氷が溶けて氷原のあちこちに水溜まりができ、クラック（割れ目）が多くなっていた。一メートルくらいまでのクラックはスノーモービルで飛び越えてしまうが、二、三メートルの割れ目にぶつかると、近くから大きな氷の固まりを引っぱって持ってきて水上に浮かべ、その上を通った。重いソリが上に乗ると氷はゆっくりと沈み、水没寸前にソリは対岸にわたっている。広いオープンウォーターにでるとソリをつけたままのカヌーを海上に浮かべ、その上にスノーモービルを乗せ、船外機を使って海上を走った。対岸の氷原に着くとまずスノーモービルを下ろし、それでカヌーを引っぱる。カヌーはソリをつけたまま氷に乗り上げる。乱氷地帯に入ると全員でソリをつけたカヌーを押した。足元にクラックがあるので、押す方も気をつけていないと落ちる。あるところでは二〇〇メートルの乱氷地帯を越えるのに四時間かかった。

氷上の旅は多くの危険をはらんだものだ。その証拠にイニュイたちの誰もが身内に事故で死んだ者を一人か二人もっていた。ほとんどが氷のふちから海に落ちたり、薄くなった氷を踏み割って海に落ちて死んでいる。氷の下は早く強い潮流があり、落下すると流されてしまうのだ。ある夜、氷上でキャンプをしているわれわれを強風が襲った。夏とはいえ氷原を渡ってくる風は冷たく、風速二〇メートルになると気温はたちまちマイナス二〇度になった。こんな時、氷が割れ、沖にテントごと流される恐れがある。その時の彼らのテントを撤収する手際は見事だった。さあ、やるぞ、といって出発するまでに十五分とかからないのだ。

イカルイット湖でフィッシュキャンプをした。氷結した湖面に穴を開け、そこからルアーを上げ下げする。ルアーに食いついたチャー(ホッキョクイワナ)は何の抵抗もせず、棒のように上がってくる。穴からのぞくと大きな魚が数十匹集まっているのが見えた。ぼくとニコルは三〇分でリミットの四匹を釣ってしまった。平均六〇センチの大物だ。さっそく半分を刺身、残りをシチューにして米を炊いた。熱いご飯の上にわさび醤油をつけたピンクの肉片をのせて、口に入れる。コリコリとしたイワナの肉は美味だった。イニュイたちに刺身を食べさせると、塩辛すぎて肉の味がしないと文句をいった。彼らは魚肉も調味料をつけずに生で食べる。それに慣れてしまえば、調味料なんて素材の味をそこなうだけのものなのかも知れない。

パンナタンの村ができたのは五〇年ほど前、犬の伝染病が流行り、このあたりの犬の大半が死んで、ソリを使って往来することができなくなってからだ。広い地域にばらばらに住んでいたイニュイたちが、一カ所に集まり暮らすようになった。それでもそういう集団で暮らすのを嫌がり、遠隔の地に一人で暮らしている人もいる。

その一人、ライパの家を訪ねた。彼は四十七歳で彫刻や版画家として有名だ。パンナタンから直線距離で二〇キロ離れた丘の上に五人家族で住んでいる。十三歳の長男を学校にやってないことが少し気がかりだが、それでも手元に置いてエスキモー古来の生き方、生活のノウハウを教える方が大切だという。十三歳の少年はシロクマを撃ち、アザラシを狩り、一人前の男の顔をしていた。雪の下からでてきた苔や枯草を集めて火を燃やし、みんなでカリブーの肉を焼いた。夕陽に赤く染まった氷原を見下ろしてライパが歌った。

夏にくる鳥よ
お前は冬がくると南へいく
鳥よ鳥よ、また飛んでこい

ナバホ・インディアンの居留地に住む

三年間勤めていた雑誌社を辞めた時、ぼくは三十二歳だった。何かあてがあったわけではない。ただ、いつまでもそこそこの安定の中で、ぬるま湯にいるような会社勤めの生活をしていてはいけないと思ったのだ。

五〇万円持ってアメリカにいった。いき先はニューメキシコである。前年グランドキャニオンやモニュメントバレーをまわった時、ぼくは観光地になっている奇怪な形をした岩山や広大な砂漠の風景よりも、そこに住む人々が気になっていた。ガラガラヘビやトカゲしかいない荒野に人が住んでいるのだ。観光とは残酷なもので、その土地が荒涼としていればしているほど観光価値は上がり、観光客は喜ぶ。

ジョン・フォードの西部劇にいつも出てくる奇岩怪石をバックにした砂漠、そこに住むのがナバホ族だ。名作「駅馬車」に出るアパッチは、実はナバホたちが演じたものだ。それ以後、ジョン・フォードは彼の西部劇の多くをここで撮った。それに出てくるインディアンにはいつもナバホ族を使っている。

ナバホ族の四〇年前の人口は一〇万、全米で最大の人口を持つ部族だった（二〇一〇年現在約十七万人）。最後まで白人に抵抗したアパッチ族やスー族は徹底的に殺され、人口数千人になっている。意地の悪い見方をすれば、ナバホがそれだけ人口が多いのは白人に早くから降伏し、おとなしかったためであるともいえる。

ナバホ族の居留地はニューメキシコ州とアリゾナ州、ユタ州、コロラド州にまたがる。合衆国政府の下に部族政府を置き、一応、地方自治の形を取っている。居留地内にたくさんの村があり、多くのナバホは住宅地にかたまって住んでいる。そういうナバホとは別に、昔ながらのヒツジの飼育で暮らしている伝統的なナバホもいた。ぼくはナバホの居候になった。羊飼いをちょっと手伝ったのだ。

アメリカインディアンは約一八〇年前に白人との戦いに敗れ、全面降伏し、居留地に押しこめられた。居留地とはほとんどが白人には無価値の砂漠で、そこに白人のジャマをせずにいる限り、アメリカ政府はインディアンに生存できる最低の食糧、衣類、子供五〇人につき一人の教師をつけた学校教育等を与える、といった条約を結んだ。この条約は現在でも生きており、二週間に一度ナバホたちは政府から様々な食糧の缶詰を受け取っていた。肉、野菜、ラード、バター、ジャムなどの缶詰だ。

ウィンドウロックというところにナバホの部族政府事務所があった。そこにいって役人と話をした。ナバホのことが知りたいからしばらく居留地にいたい。誰かいい人を紹介してくれないか、といった。そこで紹介してくれたのは高校でナバホ語を教えている女性だった。この女性はズケズケとものをいい、変にもったいぶったりしないからいいのではないか、まずそこにいってごらん、といわれた。

アメリカではインディアンを扱う専門の役所がある。ＢＩＡ(Bureau of Indian Affairs)だ。これはインディアンの面倒を見るというよりも、インディアンを白人化し、そうすることでインディアン問題を解消しようとしていたこれまでのアメリカ政府の考えを具体化する役所で、とかく評判が悪い。第二次大戦中、在米日本人を強制収容所に入れ、監督したのもこのＢＩＡだ。このＢＩＡが経営するデモンストレーションスクールという学校がある。要するに、インディアン教育をこのように立派にやっておりますと外部に見せるための学校で、授業内容もナバホの歴史やナバホ語を教えるカリキュラムがあり、最も進んだインディアン学校であるといわれていた。このルイーズという名の女性教師はその学校で教えている。彼女の家に出入りして、少しずつナバホの勉強を始めた。

ルイーズは教員宿舎に一人で住んでいて、夜は毎日生徒たちが遊びにきて音楽を聴き、タバコを吸

▲砂漠の中の泥の家。ホーガン。

い、ダベっていた。学校は半分は寮生で、半分が家から通っている生徒だ。高校生ともなると問題が多くなる。妊娠や結婚で学校をやめる生徒。家の手伝いをしなければならないので学校にこれない生徒。高校を出たら居留地を出て大学にいきたいが、この学力でやっていけるかどうかで自信がない生徒。高校を出ても居留地内では仕事がないので白人の町に出なければならない。白人の中でやっていけるかどうかと悩んでいる生徒などがいて、ルイーズはその一人一人の相談に根気よくつき合っていた。ルイーズ自身二十八歳とまだ若かったが、一度離婚を経験して人生に対して辛辣な意見を持っていた。今から四十六年前だ。第二のウーンデッド・ニー事件が起き、アメリカではやっとレッドパワーなどという言葉がいわれ始め、アメリカインディアン運動が始まったばかりだった。

ナバホの居留地は町や住宅地も含めてすべて砂漠の上にあった。砂漠といっても砂地ではない。木がほとんど生えてない荒涼とした土の広がりだ。車で三〇分も走ると荒地の中にポツリポツリと住んでいる羊飼いのナバホの家があった。

夜はルイーズの家か、砂漠に出て砂の上で寝た。日本と違いアリゾナの砂漠では夜露がほとんどなく、野宿も快適なのである。周囲ぐるりと地平線の見える砂漠の中で、ビールを飲みながら満天の星を見て眠るというのは悪くなかった。

これからぼくはどうしたらいいと思いますか、と高校生からよく質問を受けた。当時のアメリカ先住民には、アメリカの社会は住み心地はよくなかった。突破口は大学にいくか軍隊に入るかだといわれていた。しかし、大学に入っても授業についていけず、一年の二学期で中退というのがほとんどだ。居留地内で学力をつけるのは絶望的に難しい。高校二年の数学の答案を見せてもらったことがあるが、$1\frac{1}{3}+3\frac{1}{2}$といった問題の平均点が三〇点だった。

しかし、その質問はぼくが抱えている問題でもあった。一応もの書きでやっていくという気持はあるが、どんなものを書いていくのか、どういうテーマが自分に合っているのかわからない。さて、俺はフリーになったが、これからどうすべきか。

ぼくは地平線を走っている野性のウマの群れを眺めながら、ぼんやりしていることが多かった。

ウガンダをいく

一九九〇年に封切られた「愛と野望のナイル」はぼくの好きな映画の一つだ。

ナイル川の源流を求めて探検家たちが当時暗黒大陸といわれたアフリカの奥地に入っていく。そこでは人も動物も昆虫までも敵意に満ちていて、探検家たちを襲い、苦しめる。

日本ではあまり受けなかったが、一つは日本語のタイトルが悪い。原題は、〝Mountains of the Moon〟というのだ。月の山、アフリカ現地ではルエンゾリと呼ばれる山の名で、この山こそナイル川の源である、と大昔からいわれていたのだ。

その月の山の所在をつきとめることが十九世紀の世界の探検史の最大のテーマであった。

ぼくがアフリカにいったのは一九七〇年だ。その頃、ウガンダにはイディ・アミン・ダダという軍人あがりの独裁者がいて、暴威をふるっていた。自分に反対する者はすべて殺し、ナイル川に捨てた。その数は数万とも数十万ともいわれ、世界のマスコミは「人喰いアミン」と呼んでいた。アミンはウガンダから外国人を追放して、ウガンダ人のためのウガンダを唱えていたが、国内の機能は停止し、混乱状態にあった。

エンテベ空港に降りると軍隊による意地の悪い検査が待っていた。持っていた雑誌、新聞の類はすべて取り上げられた。自国の悪口を書いた海外の報道を国民に見せないためだ。

ホテルに入ると泊まり客はぼくとカメラマン以外は誰もいなかった。欧米諸国はウガンダに対し、観光ボイコットをしていたのだ。そこは一流のホテルだったが、食事はできなかった。この国の運輸をおさえていたアラブ人を追いだしたので食料の流通が麻痺していたためだ。

何とかガイドと車を見つけて、ナイル川に沿って移動した。エドワード湖にいくと、観光客を乗せる船がずらりと並んでいたが、客は誰もいず、船頭たちは湖で魚を釣って時間をつぶしていた。魚はティラピアとナマズで、持ち帰って家族の食料にするのだ、といった。

ここのホテルではこの国にきて初めて食事らしいものにありついた。敗戦直後の日本と同じく田舎にくると食料が入手しやすいのだ。国立公園の係が動物を殺して肉を人々に配っていた。その日、ぼくはシマウマのステーキを食べた。飢えた村の人々のためにカバを殺してその肉を配ることもあると聞いた。ナイルの岸沿いで時々、釣りをした。ナマズ、ティラピア、ニゴイがほとんど入れ食いで釣れた。

川はワニとカバが多かった。もし、ナイルをカヌーで下るとすると、これをどうするかが問題だな、と考えた。川っぷちの人に聞くと、ワニよりカバの方が恐ろしい、という。あの大きな口で川舟を人ごとまっ二つにして噛み殺す、年に何人かの村人がカバにやられる、とその男はいった。

過酷な世界だが、それでも時々、見る者の心が洗われるような風景にぶつかった。

ある村に入ると村の人たちが水に膝まで入って魚を釣っていた。そのちょっと離れたところでは野性のゾウが水浴びしている。その少し向こうでは、村人の間をぬうようにしてカバが水に入ったり内陸に上って草を食べたりしているのだ。

あるホテルの支配人室に入ると子供が机に座っていた、と思ったら、それはピグミー族の人だった。その支配人は葉巻を口にくわえ、近くの川の釣り情報をぼくにくれた。

その日ぼくは現地の人が「ムポイ」と呼んでいるヘラブナをもっと大きく平たくしたような魚をたくさん釣り、ホテルの台所に持っていった。これもピグミー出身のコックがきれいな英語でいった。

「これをイギリス人はムーンフィッシュと呼びます。フライにすると美味しいですよ」

ナイル川をカヌーで旅すると、夜は川岸でテント泊をすることになる。これがどうも難しそうだ。

陸上にも危険な動物がいるのだ。アフリカゾウとバファローだ。ここのゾウは気が荒くて攻撃的だ。気にくわぬものがあると大きな耳をパタパタさせて突進してくる。それ以上にバファローが狂暴だ。土地の人に聞くと誰もがバファローが一番怖いといっていた。

ウガンダは日本の本州くらいの広さの国で人口は当時約九五〇万人（二〇一四年現在約三八〇〇万人）、国土の大半が標高一〇〇〇メートルの所にあり、赤道直下の国にしては涼しく、森が多い。アミンが失脚したので、いまはもう少し旅行しやすくなっているかも知れない。ぼくはナイル川を下る気はないが、若い人にはぜひやってもらいたい。

一九九七年、アマゾン川を下っていた二人の日本の青年が殺されたが、ナイル川もその種の危険は当然考えられる。

この前、アラスカのフリーマーケットの古本市で『ナイル川を漕ぎ下る』という本を手に入れた。一九四七年、ドイツの青年たちがクレッパーのファルトボートでナイル川を下る話だ。ワニとカバの群の中を漕ぎ抜け、上陸すると今度はゾウに追っかけられといった話で実に面白い。日本でもこれだけカヌー人口が増えたのだ。もうちょっと冒険色の強いカヌーをやる人が出てきてもいい。

日本ではぼくが外国の長距離ツアーをやり、辰野勇が黒部川完漕といった冒険カヌーを共に四〇代でやっている。この川には一メートルから十五メートルの滝が数十あり、これをジャンプして下る。われわれがこれだけの漕歴を持っているのに、若い世代に元気のいい奴が出てこないのはどういうわけか。

欧米ではとっくの昔にカヌーによる大西洋横断、太平洋横断をやっている。

もちろん、一人の成功者の裏に一〇人や二〇人の死者がある。

誰かナイル川を下ってみないか。

多分、君は死ぬだろうが、それは青年にとって悪い死に方ではない、とぼくは考える。

ぼくやモンベルができるだけの応援はするよ。

一九六五年のソ連

職業柄こういう質問をよく受ける。

「どの川が一番危険だったか?」

「どの川が一番面白かったか?」

「どの国が一番大変だったか?」

現在われわれは、いこうと思えばどんな僻地の地の果ての国でも実に簡単にいける。金をたくさん積めば、北極点でも他人の運転するスノーモービルに乗せてもらっていくことすらできる。

ぼくが二〇代の頃は、日本を脱出して国外に出ることすら不可能であった。日本はまだ貧しくて、外国で生活するに充分なドルを持ちだせなかったからだ。だから、当時外国にいけるのは、海外に親戚や知人を持ち、そこから招待されるという形、または商用に限られていた。ぼくの学生時代に東南アジアにいった奴がいたが、彼は英雄だった。

われわれが外国に気軽にいけるようになったのは実にごく最近のことで、持ちだし外貨が一五〇〇ドルまでになったのは東京オリンピック（一九六四年）の年からではなかったか。一五〇〇ドルといっても当時の為替レートは三六〇円で、五十四万円になる。

日本にいてもどうしようもない。何とか外国にいかねばならない。学校を出たあとブラブラしていたぼくは、そう思っていた。外国にぼくを呼び寄せてくれるつてもなく、当時お金を払って外国にいけるルートはナホトカ、ソ連を通ってヨーロッパにいくコースで、ヨーロッパに着いたら自由行動、期間は三カ月という往復切符が三〇万円だった。その頃の小学校教員の初任給が一万八〇〇〇円、日雇い労務者の賃金が六〇〇～八〇〇円くらいの時である。三カ月外地で暮すのに三〇万はいるだろうということで、合計六〇万円が、さしあたって稼がなければならない金額だった。単純計算して今はその一〇倍強の賃金になっているから、現在の金にして六〇〇万である。今考えても腹立たしいくらい海外旅行というのが高いものだった。

その金を稼ぎだすのに三年かかった。だから、この旅に出かけたぼくは宇宙旅行にいった日本人よりも何百倍も偉いと思っている。彼らは他人の金でたまたまいかせてもらったのであって、ぼくは文字どおり血と汗と涙で稼いだ自分の金でいったのだ。これほどの〝偉業〟はない。

横浜からナホトカに向けて出航する船にはぼくと同じ思いの日本の若者がたくさん乗っていた。

ヨーロッパを高下駄をはいて一周するのだと張り切っていた一人の右翼青年は、万歳と叫び、興奮のあまり甲板で滑って転び、頭に大きなコブを作った。この最初の海外渡航の最初の外国がソ連だった。ソ連を通過するのに片道一週間かけさせられる。その間ホテルなどに泊まらされ、ドルを落とす仕掛けになっている。終戦後二〇年目のソ連はひどく貧しかった。対ドイツ戦で若い青年たちを中心に二〇〇〇万人も殺されたソ連は、まだ戦争の痛手から立ち直っていなかった。

そういうソ連を自由諸国からの旅行者が通る時、ソ連当局は資本主義の堕落したバイキンをソ連国民に感染させないよう、最大限の注意を払っていた。つまり、ソ連の一般市民に外国人と接触するなといっていた。外国人の通るルートの警備には、わざと言葉のわからないモンゴル兵を置いていた。船から降りて忘れ物に気がつき、船にひき返そうとしたら、警備の兵隊がまったく言葉がわからず、苦労したことがある。

ナホトカから汽車や飛行機を乗り継いでシベリアを横断し、モスクワ、レニングラードを経由してフィンランドにいく。汽車の窓から見るシベリアの森林の風景はぼくの胸にしみいるようだった。

朝、小さな村の無人駅に着く。丸い顔をした丸い体のお婆さんが、手にかごを下げて蒸《ふ》かしたジャガイモを売りにくる。一ルーブル札を出すと新聞紙に包んだ温かいジャガイモとおつりをくれる。これがあのトルストイやドストエフスキーの小説に出てくるコペイカ貨だ。ジャガイモのような顔をしたあのお婆ちゃんもよかったな。何もかも初めてだから、すべてのことに感動し、感心しながら旅を続けるのである。

ハバロフスクからモスクワまでは飛行機でいった。四つのエンジンをつけたイリューシン爆撃機に座席を置いただけのもので、轟音で隣の人と話ができない。この飛行機は時々爆弾倉の床の扉が開いて人が落ちるので気をつけろ、といわれていた。

眼下にはシベリアの川がうねって流れている。写真を撮ろうとカメラを取りだしたら、スチュワーデスに凄い剣幕で怒られた。この国にきて少しずつわかってきたのは、写真やスケッチ、メモなどをとってはいけないのであった。外国人をみなスパイ扱いにしていたのだ。後日、公園でノートに日記を書いていたら、警官がきて取り上げられたことがある。

モスクワに着いて、さあ、外国だぞ、と外に飛びだそうとすると、それがダメだという。団体行動でバスに乗り、ソ連経済の成長ぶりを見せる博物館などの見物にいかなければならないという。ソ連人のガイドが、勝手な個人行動は控えるように、と陰気な顔をしていった。ソ連経済の成長の過程なんて興味はないから、ぼくはいくのをやめる、ホテルで本でも読んでる、といったら恐ろしい顔つきでぼくをにらんだ。ベッドで横になってうとうとしていると電話がなった。受話器を取るとカチリと切れる。あとでわかったのだが、団体行動を取らない者が部屋にじっとしているかどうかの確認をしていたらしい。

ホテルの各階の廊下に机があって、そこに一人のおばちゃんが座っていた。別にサービスをしてくれるわけでもない。みんなで話し合った結果、やっぱりあれは泊まり客の監視のための人間であろうという結論になった。どうもこの国は不自由な国らしい。自由行動ができない。モスクワの表通りはつまらないので裏通りに入り、そこの家並みの写真を撮っていると、やめろ、写真はダメだ、という人がいる。そんな馬鹿は無視して写真を撮り続け、ふと後ろを見ると、その男がお巡りにぼくの方を指さしていいつけている。

公園の芝生の上を歩いているとまた男がきて、草の上を歩いてはダメだ、道路を歩け、という。

住宅アパート街に大きなタンクをつけたトラックが入ってくる。人々が大きなグラスやジャーを持ってそこに並ぶ。何かの果物のジュースを売っているらしい。その行列にカメラを向けると二、三人の男が、ダメだダメだ、という。何だ、この国は。

モスクワ川はいかにも魚が釣れそうであった。ミミズをとろうとあちこち探して、やっとゴミ捨て場のようなところを見つけた。掘ってみるとアカミミズが出てきた。「この赤め」とぼくはミミズをつまんでいった。その時後ろから肩をたたかれた。振り向くと警官である。ぼくはその場で逮捕され、警察に連行された。

モスクワ市内の警察署の取調べ室で厳しい尋問を受けたかといえば、そうではない。ゴミ捨て場でミミズを掘っていただけなのだから、罪状なんてたかが知れている。

当時のソ連の官憲は、海外からくる観光客に好き勝手なことをされては困ると思っていた。ぼくのようにお仕着せのツアーに加わらず、一人で自由行動をする外国人は目ざわりな存在だったのだ。だから彼らはぼくを取調べ室に入れたまま放っておいた。

最初は係官にミミズを掘るのが何でいけないんだと食ってかかったりしたが、部屋に一人取り残されているうちに次第に怖くなってきた。このままシベリアに送られたりしたらどうなるんだろう。誰にも連絡がつかないし、言葉のわかる奴が周囲に一人もいないというのは恐ろしかった。

三時間後、彼らはぼくを釈放した。

この国では何も面白いことはできなかった。こんなに自由がないのではどうしようもない。公園にいってぼんやりベンチに座っていると、中年の男がぼくに英語で話しかけてきた。高校で英語の教師をしているといい、ぼくは初めて言葉の通じるロシア人と会って喜んだ。しかし五、六分するとその男は急にあたりを見回し、そわそわとし始めた。そしてサヨナラといって去っていった。あとでわかったのだが、当時ソ連では外国人と接触するとあとで秘密警察に取調べを受けるということだった。

われわれの一団はソ連の中では一つのグループにまとめられ、フィンランドに着いたら解散ということになっていた。夜、モスクワのあちこちに遊びにいっていた仲間が集まり、様々な情報を持ってきた。

一人の学生は道の上で知り合った人の家に連れていかれ、ウォッカを二、三杯ごちそうになった。その間、近所の人が窓から何人ものぞきこみ、すると彼を連れてきたその家の主人は落ち着かない風情で、居心地が悪くなったのでバイバイといって外に出た。そこを警察に捕まり、ぼくと同じような取調べを受けたという。どうもこの国には自由がなく、市民はひどい監視の下で生きているようであった。

◀モスクワの公園で寄ってくるのは
ガキばかりでつまらなかった。

▲モスクワの映画館。まだ戦争ものが多かった。

唯一この国でつき合える人種はヤミ屋の青年たちであった。町を歩いていると流暢な英語で話しかけてくる奴がいる。ドルを売ってくれ。腕時計やカメラ、日本の品物は何でもいいから売れという。日本人四、五人と連れ立ってモスクワ大学にいった。玄関前の大きな噴水を持つ泉水は、夏の間プールとして開放されていた。そこで子供たちと一緒に泳いだ。潜って噴水の根っこを手で探ると魚がいた。掴み上げてよく見るとアムールブナだった。

プールから上がると、仲間の一人が財布を盗まれていた。社会主義国にも泥棒がいるというのは面白い発見だった。

映画館に入ってみた。字幕などないからよくわからないが、対独戦争の話である。ドイツの将校はみな漫画的にブタのように太った悪相をしており、ドイツがいかにソ連に悪いことをしたかということを延々とやる。まだソ連では戦争は終わっていないというのがショックだった。

レニングラードでもぼくは一切市内観光はせず、ゴミ捨て場にいき、ミミズを掘り、市内を流れる小さな運河で魚を釣った。日本のオヤニラミによく似た魚が数匹掛かり、ぼくはホテルに持って帰り、浴槽に水をため、その中に放してじっくりと観察した。モスクワ大学の泉水で掴まえたフナとこの魚が、ソ連でぼくが最も親しみを感じ、心を動かされた生き物である。ところが、掃除にきたおばちゃんが浴槽の中の魚を見てカンカンに怒った。

この国の人たちは外国の旅行者に対して親切にするとかやさしくするといったことを知らないようであった。ホテルの従業員で笑顔を見せる人は一人もいなかった。みんな仏頂面をしている。ホテルのレストランでテーブルに座ると、まず注文を取りにこない。やっと捕まえて頼むと一時間近く待たされる。デパートにいって品物を買おうとしても、店員たちはお喋りをしていてお客には見向きもしない。ソ連通の人がここの従業員はすべて国家公務員なのであるといった。公務員だから働いても働かなくても同じ給料をもらう。私企業のないこの国では、すべての機関で働く人は役人であって、役人はなるべく働かないというのが世界共通の特徴だ。だからソ連という国自体がうまく動いていないのであった。後年、この国が崩壊したのは当然である。

レニングラードから汽車でフィンランドへ。各車両に私服の警官がいて、われわれを監視していた。この係官の一人と口論した。

なぜ君たちは外人にそう意地悪なのか。なぜ市民に自由がないのか。この国の人々は精神的に崩壊しているのではないか。ぼくはこの国で何一つ心温まるものを見なかった。何一つ感動しなかった。昔マルクスを読んで感動したことはあるが、今のソ連はマルクスとはずいぶん離れたところにある。第一、君のような人間がいつも外国人を監視していなければならないなんて、よほど弱みがあるんだろう。きっとこの様子では強制収容所がたくさんあるに違いない……。

監視役の警官は怒って赤くなったり青くなったりしたが、ぼくの周辺にたくさん日本人がいるので手出しはできなかった。それから数年たってソルジェニーツィンの『収容所群島』という本を読んだ。その本によればソ連中に数千の収容所があったと書かれている。

学生時代、ぼくはかなり親ソ的で、社会主義国に好意を持っていた。しかし、ぼくがソ連で見たのは戦時中の日本のような警察国家、恐怖政治国家である。ジョージ・オーウェルの『アニマル・ファーム』は嘘ではなかったのだ。国境の手前で汽車が止まり、われわれはそこで土産物店に案内された。当時一ルーブルは四〇〇円だった。実際は一ルーブル一〇〇円くらいの実力しかなかったと思う。けしからんことに、ソ連内で替えたルーブルは元の円やドルに両替するシステムがなかった。だから、土産物店で持っているルーブルを全部使い果たしてしまわねばならなかった。ぼくは三組のロシア風のキングやクィーンの絵のついたトランプを買った。あとで調べてみると、そのトランプはみんな数枚ずつカードが抜けていた。この国では人間も品物もなっていなかった。

列車がフィンランドの国境を越えると、乗客は一斉に万歳と叫び、大きな歓声が上がった。一つの国を出るのにあんなに嬉しかったことはない。

その後、ぼくはかなり海外旅行をして危ない目にも遭っているが、このソ連旅行ほど危険な旅行はなかったと思っている。

インドネシア

インドネシアにいった。

ぼくは東南アジアの経験が少ない。理由はいつでもいけるという気持ちがあること、もう一つはアジア的混雑が苦手だからだ。四十五年前、初めて香港にいった時、美的要素が一つもない街の混雑ぶりにショックを受けたことがある。その香港的混雑、アジア的混沌は、今、東京の新宿あたりを歩くと、ほぼ同じような形で見ることができる。

もう一つの理由は、アジアの川は泥っぽくて、ぼくの川旅にはむかないと思うからだ。

一九九四年二月にユーコンから友人のブレントがきて、沖縄まで連れていったのだが、まだ充分暖かくはなかった。それで、文句なしに暑いところに連れていってやろうと思ったのだ。

ジャカルタに着いて空港から外に出ようとすると、通路にズラリと職員が並んでいた。それがいちいち乗客のチケットを見て、あっち、こっち、と出口を教えている。ぼくのキップを見た係が、こっち、というのでその方にいくと、とんでもないところに出た。その係は間違った情報を教えたのである。

この時ぼくはアジアにきたことを実感した。役人や係の者が無能で責任を果たさず、偉そうな顔をして威張っているが、少しも役に立たないという点がアジアである。日本もそうだ。何かやたらに空港職員が多くて、そのくせ少しも能率がよくない。

ジャカルタにはカヌー仲間の服部幹雄が転勤できていた。彼の案内でホテルにいく。一〇〇〇万都市の道路に出ると、人々は血走った目をしていた。服部がいった。

「今、断食(ラマダン)の時期ですからね。みんなお腹が空いて気がたっているんですよ」

イスラム教のこの国では断食は厳格に守られる。断食の時は日の出から日の入りまでは飲食をしてはいけない。

ジャカルタの真ん中を車でいくと、びっしりと混雑した交差点で人々が狂ったようにクラクションを鳴らしている。

一人の警官が服部の車を止め、交通料を出せといった。服部は無視して通り過ぎた。後ろの車を見ると、警察に捕まってお金を払っている。警察はそれをポケットに入れていた。

「ここは普通の道路だから、あんなもの払う必要はないんですがね。気の弱い人はつい払ってしまう。ラマダンがあけるとお祭りがあるので、その費用稼ぎにお巡りが市民から金を巻き上げているんです」

ある場所では交差点の真ん中で一人の男が腕立て伏せをしていた。それを見て服部が説明した。

「この街の中心を走っている道には数キロにわたって横断歩道がないんです。だから市民は車のすきを見て横断せざるをえない。それを警官が待ち構えていて罰金を取る。しかし金がない奴もいて、彼らは罰として腕立て伏せを五〇回やらされる」　金も力もない奴はどうすればいいのか。

次の日、川下りのための地形図を買いにいったが、どこにも売ってなかった。この国には地形図というものがないのである。われわれが下る予定の川の地図を捜したが、自動車用の大まかな地図しかなく、川はただまっすぐに引かれた一本の棒で描かれていて、これでは何もわからない。

ぼくの世代では「インドネシア賠償」という言葉に馴染みが深い。第二次世界大戦で日本がインドネシアにひどいことをしたというので、莫大な賠償金が支払われた。そのお金はすべてスカルノやスハルトなどの政府首脳部の懐に入り、この国の市民の生活を向上させるようなことにはまったく使われていないのだった。国の主な企業はすべてスハルト一族に握られていて、一九九四年当時国民の年間平均所得は約五万円ということだった（日本は約四五〇万円）。カナダ人のブレントは、こんな国に生まれなくてよかったな、と露骨にはっきりしたことをいった。

われわれは川下りに必要なライフジャケットやその他を持ってきていなかった。スポーツ用品店を探していると二人の大学生がきて、案内してやろうという。スポーツ用品店に入るとけっこう混んでいた。しかし、よく見ていると、そこに立っていた十数人の人間はお客ではなく店員なのであった。安い賃金で人海作戦でやろうというのであろう。しかし、ライフジャケットもヘルメットも売っていなかった。

店を出て、ぼくは二人の大学生をレストランに誘い、食事をおごった。では、と別れようとすると、学生たちはガイド料をいただきたいといった。ぼくははっきりいった。

「この国には失望したよ。第一、君たちはぼくにガイドらしいことをしていない。あまりふざけたことをいうと、張り倒して警察に突きだすが、それでもいいか。非常に不愉快だ」

ジャカルタから数時間のところにある山間の湖畔の保養地にいったが、ここでも楽しめなかった。出会う人々が貧しすぎるのだ。

湖の近くのホテルに泊まった。部屋にいるとボーイがやってきた。ボーイは珍しく英語ができた。

「わたしの家にはお爺さんとお婆さんと子供が一〇人いる。子供二人は病気で、わたしはお金がない。わたし、とてもとても貧乏」

彼はぼくにお金をくれといっているのだった。

ホテルのバーにいくと、一人のオーストラリア人がいて酒を飲んでいた。彼はオーストラリアのボート協会から派遣されたコーチで、この湖でインドネシアのナショナルチームのボートを教えているのだった。

「ここはとんでもない国だぜ。練習をやっていると、さあ、これからという時に全員で岸に上がってしまうんだ。お祈りの時間だといってね。それで岸の上でメッカの方に向かって礼拝を始めるんだ。この国はまだ近代社会の中でやっていけないよ」

彼がコーチをするモーターボートに乗って、インドネシアの選抜クルーの練習を見せてもらった。

「ラマダンの間、選手の食事はどうしてるんだ?」

「選手だけは特別ということで普通に食事を与えている。しかし、この国のコーチたちはラマダンを守っている」

彼が選手たちに陸上でボート理論の講義をしていると、それを補佐すべきコーチたちはみんな空腹のあまり、まわりで引っくり返って死んだようになって目をつむっていた。

ジャワ島のチリマンディ川を下ることにした。地形図がないので、インドネシア語のできる服部幹雄が何度か川筋を走り、下見をしていた。しかし、川に道路から近づける場所は少ない。川はスムースでＯＫ、ノープロブレムというのが流域の人々から得た情報だった。何しろぼくとブレントは、ライフジャケットも着けず様子のわからない川をいくのだから、慎重にならざるをえない。

出発点でフネを組み立てた。ファルトボートの一人艇に服部、ゴムカヌー、メッツラーのインディオ・スペシャルにぼくとブレントが乗る。川に漕ぎ出すとインドネシアの最もいい自然の景観がわれわれの目の前に開け、後方に飛んでいった。川は泥で濁っているが、暑い日差しと三級の瀬のしぶきで爽快だった。珍しい熱帯の樹木、頭上を飛ぶ初めて見る鳥やチョウ、奇妙な形をした山の峰々――。

川の両岸には五〇メートルおきに人間がしゃがみこみ、一メートルほどの短い竿で魚を釣っていた。時々服部が彼らに声をかけ、この下はどうなっているかと聞くと、人々は一様にニッコリと笑い、下流を指差して「ＯＫ、ＯＫ。ノープロブレム」といった。しかし、オーケーという割りには川は厳しかった。四級の瀬が時々現れたが、われわれは下見もせずにそこを突破した。川の水が暖かい。二十八度はあるだろう。

竹の筏と会った。砂利を入れた竹のザルを一〇個ほど乗せている。川に張り渡したワイヤーを伝って、男がゆるゆると川を渡っていく。家内手工業的な砂利採取だ。

筏の上の男が服部に何をしているのと聞いたが、われわれは答えられなかった。この人たちに川を下って遊んでいるんだといってもわかるまい。三〇年前、ぼくが日本の川を下っている時、田舎にいくと人々が「いったい何のために川を下っているのか」と聞いたが、あれと同じだ。遊びとして、冒険として川を下る、面白いからやるのだといった考えは、社会がよほど豊かでないと生まれない。

川は次第にゴルジュ状になり、両岸の崖が高くなった。あるところでカーブになって前方の見通しがきかず、轟音が聞こえていた。服部が巧みにバック漕ぎしながら前方の様子を見にいった。彼くらいの名人になると、滝が落ちる寸前までいって様子を見、そこからバックして戻ってくる。ゴムカヌーなら何とかなるかも知れないという。服部は、自分のことは心配しないで先にいってくれといった。ブレントがしきりに愚痴をこぼしている。

「何でこの国の人たちは嘘ばかりいうのだろう。さっきから何人もの人間が、これから下はスムースでノープロブレムといったじゃないか。それに午前中に聞いた奴は次の村まであと二〇キロといい、午後聞いた奴はあと三〇キロというし、何だかさっぱりわからん」

「戦時中、日本軍にひどい目に遭って、日本人を恨んでいるのかも知れんな。ぼくに嘘の情報を教えて、あとでOne Japanese less.（日本人を一人やっつけた）と喜んでるのかもな」

テントも食料もなしで、このゴルジュの谷底で一泊するのはぞっとしない。ぼくとブレントは覚悟を決め、最悪の場合に備えて打ち合わせをした。万一沈したら何はともあれ両腕で頭を抱え、保護すること。ゴムカヌーは沈しても浮いているから、フネのまわりに張り巡らしたロープにしがみつくよう努める。

「日本人ならこういう時、南無阿弥陀仏というのだが、君たちは何というんだ？」

「Kiss my ass（バカタレ）Fuck you（死ンジマエ）だね」

「よし、それでいこう」

難所に向かって突進した。パッと目の前が開けると、そこは三メートルの滝だった。クタバレとかバカヤローなどと叫びながら、二人は宙を飛んだ。フネは空中を長い間（のように思えたが実際は二、三秒だろう）飛んで、ドシンと着水した。ぼくは落ちた衝撃で船底に平たく伸びた。ブレントが前部座席で必死で漕ぎ、滝壷の岸に着ける。あとから服部が沈して、もみくちゃになって流されてきた。

谷の上に集落があるらしく、こんなところにも釣りをしている老人がいた。服部が老人と話をして帰ってきた。

「この下流はもう瀬も何もないそうです。目的の町まであと四〇キロといってます」

進めば進むほど目的地が遠くなるというのが恐ろしい。この次の人に聞けば、目的地まであと一〇〇キロなどといいだすに違いない。

再び二メートルほどの落差。服部が先行し、スルスルと降りていった。上手いもんだ。そこは大いに勢いをつけて一気に飛び越すべきところだったが、ぼくはぼんやりと流れにまかせてそこにいき、フネは逆さまになって落ちた。ぼくは再び宙を飛び、ブレントの背中に頭をぶつけ、水に落ち、底に沈んだ。気がつくと滝壷の底に座っていた。上を見上げるとドウドウと滝の水が落ちてきて、ぼくをしっかりと底に押さえつけている。目の前を数匹の小魚が泳いで過ぎた。

水面に浮上すると、目の前でブレントがゴムカヌーにしがみついている。岸に泳ぎ着いて荷物を拾い、体勢を立て直す。ブレントの持っていたダブルパドルが折れ、シングルとしてしか使えない。陽が傾いてきて、谷底は涼しくなってきた。急がなければならない。

そこから三人は阿修羅の如く下った。あとで考えると四級から五級の瀬がいくつもあったはずだが、三人ともこの国のわけのわからない不条理に対してとても怒っていたので、二、三メートルの滝などはまったく問題にせず下ってしまった。

薄暗くなった時、吊り橋が見え、川の周辺の集落が見えた。そこはわれわれの目的地ではなかったが、そこで服部が交渉して軽トラックで目的の町まで運んでもらった。

あとで聞いた話では、この国では否定的なことはいわない。滝があって危ないからダメだ、という風にはいわず、OK、OKというのだそうだ。本当だろうか。それが本当なら、この国の人とどういう風につき合っていけばいいのだろう。

タヒチ

ジャカルタの空港の店でズラリと並んだTシャツを見た。その胸には大きなロゴで「NO PROBLEM」とある。ぼくは大変感動し、そのシャツを一〇枚ほど買って帰った。

「戦艦バウンティ号の反乱」という映画を見たのは高校の時だった。世にも面白いこの実話はこれまで三回映画化されている。ぼくが観たのは一回目のモノクロ映画（一九三五年制作）で、クラーク・ゲイブルとチャールス・ロートンが出ていた。

話は約二三〇年前、ジャマイカの植民地の奴隷の食糧にするために、大英帝国はタヒチからパンの木の苗木を一〇〇〇本、バウンティ号で運ぼうとした。数カ月タヒチに滞在した後、出航したバウンティ号の船員たちは反乱を起こし、船長以下彼の部下十数人を追放し……、といった小説よりも面白い話がくり広げられる。

当時のハリウッドには「南海もの」と呼ばれるジャンルがあり、美しい南太平洋の島で文明に毒されていない生活をしている人々が出てきて、世界中の人にため息をつかせていた。

その頃、北九州の工業都市に住んでいたぼくは、ひどい自然環境の中で釣りも泳ぎもできず、とても惨めな日々を送っていた。そんな時観たタヒチの映画は衝撃的だった。今のように情報や映像がない時代だったので、初めて見る南太平洋の海、ヤシの木陰、半裸でのんびりと暮らしている人々の姿には深く感動した。この世に天国というものがあるなら、あそこがそうに違いない、と思った。

大学生の時、二度目の戦艦バウンティの映画（一九六二年制作）を観た。これはマーロン・ブランドとトレバー・ハワードが出演していて、シネマスコープで一作目の映画より迫力があったはずだが、ぼくは一作目の方が好きだった。

後年、タヒチにいき、アメリカやヨーロッパからタヒチに移住してタヒチの人間になっている人たちに何人か会ったが、第一回目の「バウンティ号の反乱」を観てタヒチにきてしまったのだという人が多かった。

一作目ができた頃、タヒチは世界中の人にとって遠い夢の国だったが、二回目の映画化の頃はタヒチはわれわれの手の届くところにあった。

タヒチに初めていったのは一九七〇年だ。雑誌の取材で、つまり他人の金でいった。ハワイや沖縄もそうだが、南国に着いた時のあの匂いがいい。花、果物の匂いの入り交じった甘酸っぱい生暖かい風だ。タヒチのパペーテの空港で風の中に立つと、しみじみと楽園にきたのだという気になる。そして、北半球の厳しい競争社会、文明社会から今や完全に切り離されて自由になったという強い解放感を覚える。

当時はまだ今ほど観光客が多くなくて、タヒチはずいぶんのんびりしていた。一九七〇年代の日本は工業立国として伸び盛りで、人々は一生懸命に働いていた。そういう国からきた人間はタヒチの人々の生活を見てショックを受けた。

タヒチは観光立国として受け入れ体制を整えようとし始めたところで、人々の生活はまだ自然採取経済だった。山には天然の芋類が無限にあり、パンの木やバナナがたわわになっていた。パンの実はグレープフルーツほどの大きさで、皮をむいて焼くとパンに似た味がする。一年のうち一〇カ月は実がなり、これが二、三本あると食うには困らないという。島をぐるりと珊瑚礁が取り囲み、ラグーンを作っており、そのなかで網を打つと山のように魚が捕れる。

家はヤシの葉や木で作ったもので、ほとんどタダでできる。気候は年中おだやかで、海水温は二十五、六度あり、気温との差があまりない。人々はパレオ（腰布）をまとい、働かなくても食っていけるのだった。現金収入が必要になるとヤシの実を拾い、中のコプラを取って近くの雑貨店に持っていって換金する。

それまでタヒチのことを少しは本で読んでいたが、実際にそういう人たちを目のあたりに見ると人生観がぐらついた。その頃ぼくは毎日通勤電車に乗って、東京駅前のビルに通勤していた。多くの欲求不満を抑えて生きており、毎日多量の酒を飲んで何とかしのいでいた。この時、一緒に連れていったカメラマンが佐藤秀明だ。

ぼくが観光局の建物に入ると、受付で男がギターを弾いて歌っていた。

「佐藤よ、あれ、いいな」

「うん。まさに楽園だねえ。俺、ここに住みたくなった」

二人とも若かったから、いい土地やいい女に出会うとすぐ惚れて、移住したり結婚したりしたくなるのである。そして、そういう若さを持ってないと旅行は面白くない。年を取ってお金と時間をたくさん持ってタヒチにいっても、少しも面白くはないのだ。

フランス人の観光局長が出てきてフランス訛りの英語でムニャムニャといい、ぼくと佐藤をタヒチのすぐ近くにあるモーレア島のバンガローに押しこんだ。バンガローは海の上にヤシの幹を何本も打ちこんで、その上に作られたもので、潜りや釣りが好きなわれわれを狂喜させた。バンガローのテラスの下は二メートルの水深があり、そこから海に飛びこむことができるのだ。

バンガローは村の中にあった。村を歩くとあちこちから声がかかり、お茶やスナックをごちそうになった。水際にアウトリガーのカヌーがあったので、それを借りた。アウトリガーカヌーは初めてだったが、五分も漕ぐと慣れる。湾内を漕いでいると岸辺に娘たちが数人寄ってきて、パレオをハラリと落とすとその下はビキニの水着だった。近寄ると娘たちは海に飛びこみ、ぼくの方に泳いでやってきた。アウトリガーの腕木に掴まり、ぼくを見てニッコリ笑った。

そのあとでぼくと佐藤は彼女たちの家にいって、家族の人たちと一緒に食事をした。パンの実の焼いたもの、生魚の切り身をココナツミルクに漬けてマリネにしたものが出た。味もよかったが、ぼくは現地の人とこういう風につき合うのに感動していた。旅の面白さとはこういうところにあるのではないか。風景なんかいくらよくてもたいしたことはない。

その日からわれわれは朝から晩まで海に潜った。潜るのに飽きるとバンガローの上から魚を釣った。昼寝をする時も糸を指に巻きつけてベッドに入る。魚が掛かるとグイと引くので目が覚めるのだ。ぼくは佐藤に、仕事をするのはやめよう。帰る前の日に一日パチパチ撮るだけにしよう、といった。

二〇年後、ぼくと佐藤はここを再訪したが、かつてののんびりした村は整然たる観光地になっていて、ホテルが建ち並び、アウトリガーのカヌーは一隻もなくなっていた。その変わった現代のタヒチのことを書きたい。

▲これがパン木の実。この頃タヒチの人々は働かず、波乗りと恋愛と魚捕りだけして生きていた。1カ月いると腹がこんなに出てきた。(撮影:佐藤秀明)

二度目のタヒチは「怪しい探検隊」のメンバーと一緒だった。二〇年振りに再訪したタヒチは大きく変わっていた。観光局にいくと、まず建物が立派な大きなビルになっていた。以前きた時は、受付の男がギターを弾いたり、退屈してあくびを連発し、涙を流していたが、今ではいかにも有能そうな受付嬢がいて、テキパキとお客をさばいていた。以前は事務所内をのんびりとした歩調で歩いていた事務員たちが、足早に歩き、忙しそうに働いていた。この島にも能率主義が浸透しているのだ。局長が会いたいというのでいってみると、二〇年前に一番下で働いていた男が局長になっていた。二〇年という歳月は一つの国、一人の人間を完全に変貌させるに足る時間なのだろう。

前回きた時、タヒチ本島は海岸が汚れたので、すぐ近くのモーレア島にお客を送りこんでいたが、そのモーレア島も観光化が進み、観光局は二六〇キロ離れたボラボラ島に飛行機でお客を送りこみ始めていた。ボラボラ島には第二次大戦中アメリカ軍が駐屯していて、飛行場があったのだ。「ここまで離れれば昔のタヒチが味わえます」というのがキャッチフレーズだった。しかし小さな島だから、観光客が多くなると彼らをまかなうだけの水がない。時々ホテルのシャワーの水がきれたりした。「怪しい探検隊」が送りこまれたのは、さらに遠くのランギロア島であった。そこで昔ながらの南海の楽園、南太平洋の人々の暮らしを見ることができたかといえば、そうでもない。ランギロア島開発の目的はなるべく多くの観光客を収容することであって、だから大きなホテルを建て、お客をホテルから一歩も出さず、ホテルの中だけで一日を過ごさせる工夫が凝らされていた。昔やったようにホテルを出て村の中に入っていき、そこにある素朴なカヌーを借りて漕ぐといったことはできないのである。第一、アウトリガーのカヌーはこの島には一隻もなかった。強力なエンジンをつけたモーターボートだけで、それはホテルに頼んでお金を払い、チャーターしなければならない。

そんなこともあろうかとファルトボートを一つ持っていったのは幸いだった。ぼくはそれに乗って島の周辺を回り、海に潜った。

ランギロアの海に潜ってみると、海底はかなり荒れていた。魚が少ないのである。モリを持って魚を突こうとしたが、ちょっとでも人間の姿を見ると魚は逃げてしまい、近寄れない。島の雑貨店にいくとズラリと水中銃が並んでいて、人々が日常的に潜って魚を捕っていることを知った。魚は人間を警戒してなかなか射程距離内に入ってこない。タンクを背負って深いところまで潜らないと、魚が捕れないのであった。窮余の策として、ぼくは釣り竿を持って沖に泳いでいき、はるか深いところの魚を泳ぎながら釣った。「泳ぎ見釣り」である。これだと何とか魚を捕ることができる。

ホテルの船着場のまわりだけは砂底で、ここでは投網が打てた。極彩色の小魚がたくさんいて、ぼくは時々熱帯魚の群れに日本から持参した網を投げ、手の上に乗せて魚を眺めた。魚ばかり見ていても面白くないので、可愛い娘が泳いでいるとエイヤッと彼女たちの頭上に網を投げた。

「あんな風に網をかぶせられて彼女たちが怒るかと思ったけど、逆に喜ぶんだな」

「そりゃそうさ。女を口説くにはなるべく原始的なやり方がいいんだ。網でからめ取ってロープでぐるぐる縛り上げれば女は恍惚となる」

「それなら今度、新宿の歌舞伎町あたりで投網をやってみよう。案外うまくいくかもしれん」

ホテルのレストランやバーで飲み食いをしても東京と変わらないので、われわれはホテルから離れた海岸までいき、村の雑貨店でビールを買って飲み、そこで泳いだ。そうすれば何とかおしきせの観光ではなく、いつもの「怪しい探検隊」風の遊びらしいものになる。

アメリカ出身の中年の男に会った。彼は二十五年前にヨットでタヒチにきて、ここの女性と結婚して二人の子供と暮らしている。

「ボラボラ島に最初にきた時はまわりにあるものだけで、充分生活できた。仕事といえば二日に一回魚を捕ることだけで、後は遊んで暮らしていた。今の女房と一緒になってすぐCDラジカセをせがまれ、それを買うために近くのホテルで一週間働いたんだ。女房はラジオをとても喜んでくれたよ。一年後に彼女はバイクが欲しいといいだした。それでまたホテルに働きにいった。今度は一カ月間働いた。バイクのあとはテレビ、そのあとは車、そして子供ができて、家を買うために結局ずるずるとホテル勤めを続けた。今もそうだ。昔ののんびりした生活が懐かしいが、もうあの生活には戻れないだろうね」

彼はわずか二、三〇年の間に自然採取生活から消費生活への変遷を体験したのである。

ある日、ビールを買いにいくと売ってくれなかった。あいにくその日は選挙で、酒を飲むとみんな投票にいかないので、投票時間が終るまでは酒はダメということだった。仕方がないのでわれわれは教会の敷地内で休んだ。そこが唯一、日陰のある涼しい場所だったのだ。正装した村の人たちがたくさん教会内に座っていて、やがて賛美歌が聞こえてきた。三部合唱、または四部合唱の素晴らしいコーラスである。彼らが歌うと自然に和音ができる。天性の歌い手なのだ。かつて白人が初めてここにきた時、「波乗りと恋愛以外は何もしないで暮らしている人々」を見つけ、宣教師たちが大挙して押し寄せ、遊びや恋愛を禁じ、改宗させた。島の人々に残された唯一の楽しみは歌うことだけで、だから日曜日の教会は彼らの大切な行事だ。欧米の教会に比べて賛美歌をたくさん歌うので、礼拝の時間がその分長い。

ホテルのマネージャーと話をした。彼はフランス人で、タヒチの女性と結婚し、子供三人とこの島で暮らしている。

「タヒチをフランスから独立させようという動きがあると新聞で読んだよ。今日の選挙で彼らはたくさん得票すると思うか？」

「前回よりは増えるだろうね。どこの国にも黒いヒツジがいるさ。フランスの支配を嫌っている若い理想主義者たちだ。しかし、現実的に考えると、タヒチはフランスの援助がなければやっていけないと思う。アフリカで多くの国が独立したけど、どの国も大変だろう」

「しかし、独立しなければ自立能力、自治能力は永久に身につかないよ」

ぼくはランギロアの寂しい海を見ながら、沖縄や奄美大島の海のことを考えていた。日本の海の方がよほどきれいで、もっと楽しめるのではないか。こんな遠くまで高い金を出してくることはない。日本に帰ったらカヌーで無人、有人の島を訪ねる海の旅をしてやろうと思った。

捨てる男たち

アメリカやカナダの山奥に「マウンテンマン」と呼ばれる人たちがいる。周囲数十キロに誰もいない山中に一人で住み、生活している男たちのことだ。アラスカやカナダの川を下っている時に、何人かのマウンテンマンに出会った。非常に興味深いので二、三日一緒に過ごし話をした。山に住むといっても道があるわけではないから、たいていモーターボートで川を遡り、支流に入り、さらに支流の支流に入る。川や湖の近くに小屋を建てると水をくむのも便利だ。

ユーコンの中流、サークルという人口五〇人の村に着いた時、ぼくは大きな川を下るのに飽き飽きしていた。それで、そこから三〇キロ離れた小さな川まで村の男にカヌーごとトラックで運んでもらった。だだっ広いユーコン川本流というのは時にとても退屈なもので、川幅二〇メートルのバーチクリークという川は絶好の気晴らしになった。この川を三〇〇キロ近く、七、八日かけて下るとまたユーコンの本流に出る。

その途中の川岸に一人のマウンテンマンが住んでいた。元海兵隊員で五〇歳。その男はぼくに会った瞬間から喋りだし、その夜、ぼくが疲れて彼の納屋に寝た時も頭の上で喋っており、次の朝目が覚めた時はもうぼくのそばで喋っていた。三日間いたが、彼はその間ずっと喋り続けであった。俺は人間が嫌いだといっていたけど、彼ほど人間に飢えた男を見たことがない。

彼は三〇キロ離れたサークルの雑貨店から小麦粉と弾薬、ガソリン、灯油を買い、あとは自給で暮らしていた。罠を仕掛けて獣を捕り肉を食べ、その毛皮を売って生活費を得る。彼一人が暮らすには年に二〇〇〇ドル（約十六万円）あれば充分だといっていた。照明と台所の熱源はコールマンのランプとツーバーナーだ。

さらに下ってガレナという村に日本の水産会社があり、イクラを作っていた。ユーコン川は五種類のサケが上る。それを先住民たちが刺し網で捕り、夏の間、川原に大型テントを張って暮らし、サケを燻製にする。先住民はほとんどスジコを食べず、捨ててしまう。このスジコに日本の水産会社が目をつけて買い上げ、現地で塩漬けにして日本に送るのだ。スジコの仲買人の一人に三十五歳の白人の男がいたが、彼もマウンテンマンであった。夏の間だけ森の中から出てきて、モーターボートに乗り、ユーコン川の川岸にあるフィッシュキャンプを一つずつ訪ねてスジコを買い集めるのだ。先住民たちがバケツにスジコをためて待っており、男はそのスジコをハカリにかけ、買った分量を書いた紙を先住民にわたす。先住民はあとで日本のイクラ会社にその紙を持っていき、お金をもらうという仕組みだ。マウンテンマンの男は買い上げたスジコの何パーセントかの歩合をもらう。ひと夏に二、三万ドル稼いでいた。

彼はアメリカ本土からアラスカにやってきて、一年目は一人のマウンテンマンと一緒に暮らして荒野で暮らすノウハウを教わって、二年目から一人で暮らし始めた。

マッケンジー川で会ったマウンテンマンは奥さんと子供三人と暮らしていた。年間一万ドルかかるといっていたが、彼の収入源は冬の間捕った動物の毛皮である。

ユーコン川の支流、ポーキュパイン川で会ったマウンテンマンは、ある日会社を辞め、奥さんを捨てて山に入り、砂金を採って暮らしていた。

ドイツからやってきて先住民の女と結婚し、山上湖のほとりで暮らしているマウンテンマンは、夏の間だけ川に出てアウトフィッターのリバーガイドをやり、それで生活していた。リバーガイドの給料は一日に二〇〇ドル（約一万六〇〇〇円）。夏の三カ月で一四〇万円近くなる。

これもユーコンの支流、コイコック川の上流にいるマウンテンマンは先住民の奥さんを持ち、子供三人を砂金採りで育て上げた。

日本では奥さんや会社勤めが嫌になって飛びだした男は、大都市の駅の構内のダンボールの家に住むが、これらマウンテンマンたちは非常に積極的な世捨て人である。彼らの子供たちが面白かった。アラスカでは通信教育制度が発達しており、先生が月に一度軽飛行機に乗って教えにきてくれる。マウンテンマンたちは川や湖のほとりに住んでいるから、フロートをつけた軽飛行機で簡単に往来できるのだ。親が自分の子供を高校課程まで教えるというシステムもある。だからアラスカ大学には、大学に入るまで一度も学校というものにいったことのない生徒が少なくない。

ぼくが会ったのはマウンテンマンになることに成功した男の例だ。ある種の男たちは荒野に憧れ

▲バーチクリークのマウンテンマンの小屋。中は4畳半の広さで温かかった。

る。荒野に単身入り、そこで獣や鳥を射ち、魚を捕って、それで生活するというのが彼らの夢だ。世界中からそういう男たちがカナダ、アラスカにきて、山に入る。そのほとんどは失敗して町に帰る。山の生活を始めたが、うまく鳥や獣が捕れず餓死してしまった男の話をよく聞く。ある日、会社の上役をぶん殴り、奥さんと別れて自由だと叫び、アラスカにやってきたが、たちまち先住民の娘につかまり、結婚したら娘の親族が彼の家に押しかけて居座ってしまい、一〇人の扶養家族を抱えてフウフウいっている男もいた。

これらマウンテンマンに共通するのは自由への願望の強さであろう。彼らが一様に口にするのは「ここでは俺に命令する奴は誰もいない」といった言葉だ。人里離れた山中の生活の不便さよりも自由の方がいいというのだ。彼らにこういう生活を始めて何年目かを聞くと、「八冬を過ごした」とか「十四冬を過ごした」といういい方をする。零下四、五〇度になるアラスカの冬を無事に過ごしたというのが彼らの誇りなのだ。

「ここでの冬は毎日がチャレンジの連続だぜ。ちょっとでも失敗するとすぐに死んでしまうからね」

事故で足を折り、動けなくなると死ぬ。雪の下に隠れた川や湖で氷を踏み割り、下半身を濡らすと、すぐに乾かして火で暖めないと凍傷になり、動けなくなって死ぬ。こういう過酷な場所で生活をする彼らの人生のテーマは自由である。

「自由、自由。自由をわれに与えよ！」

彼らはそう叫んでいた。
不便な自由をとるか、便利な不自由をとるか。われわれの永遠のテーマである。

終《つい》の住みかをどこにするか

旅行をしていて、これはいい国だ、この国なら住んでもいいなと思うことがたびたびある。二〇代、三〇代の頃はいく先々の国に惚れこみ、なんとかこの国に移住できないものかと一生懸命考えた。最近は血が薄くなったのか、一生ここに、とは考えず、一年のうち何カ月かそこで暮らすという考え方をする。

以前アマゾン川を下ってボリビアに入った時、八十四歳の日本人に会ったことがある。彼は大正年間、まだ若い時にペルーに移民でいき、当時の移民は奴隷扱いだったので、そこを逃げだしてアンデスを越え、アマゾンの源流で筏を組んでペルーからボリビアへと流れて下り、その頃ゴムブームだったボリビアでゴム採集人として働いた。その頃、二〇〇〇ドル貯めて日本に帰るというのが彼らの合い言葉だった。それだけ持って日本に帰れば、一生食っていけたのだ。彼は念願の二〇〇〇ドルを貯めたが、その時はもう現地の女性との間に子供ができており、情にほだされて彼らを捨てられず、アマゾン流域で暮らすことになったのである。老人は熊本出身で、彼がいた頃の熊本の海や川の美しさを語った。目の前にはアマゾン川の泥の世界があり、ぼくは彼の望郷の思いを理解した。

彼には一〇人の子供がおり、その子供たちはそれぞれ十四、五人の孫を作ったので、一〇〇人以上の家族がいた。若かったらまたアマゾンにきますかと彼に訊いたら、彼は吐き捨てるように、「誰がこげなところにくるか！」といった。彼は日本に帰りたかったのだが、大家族を背負って動けなかったのだ。外国に骨を埋める日本人の話というのは、昔はこの手の湿っぽいものが多かった。

しかし、最近は変わったようだ。日本に見切りをつけて、さっさと自分の気に入った海外のいい国に移り住んでいる若い日本人を多く見かける。運命に流されて仕方なく外国に出稼ぎにいくのではなく、自分から選んで外国にいき、昔のように二級市民としてではなく、土地の人に尊敬されて生きている。そういう日本人が増えた。

コスタリカにいった時、引退後この国に移住してきた外国の老人を多く見かけた。川を下っている時もこの国名物のエコツアーでジャングルを歩いている時も、やたらにこの種の元気のいい老人が目についた。ほとんど英語圏からの人たちである。中米の国では珍しく治安がよく、ゲリラや麻薬騒ぎがなく、人心おだやかで物価が安いということで、引退後ここにきて暮らす人が多い。二〇〇二年当時、人口三六〇万人の国に五万人以上の外国の年金生活者が住んでいた。この数字は今後もっと多くなると見られている。受け入れる方も、ここに移住してきた方も、双方共に満足しているからだ。

コスタリカ政府も老後はわが国でどうぞ、という政策を打ちだし、毎月六〇〇ドル以上（二〇〇二年当時、以下同じ）のお金をこの国で換金するという誓約書と社会保険証や養老年金の証明書を出せば、国籍はそのままで、ずっとコスタリカに居住できるという特別ビザを発給している。

コスタリカが世界に誇るのは、豊かな自然を舞台にしたエコツーリズムと、軍隊のない国という二つのものだ。本屋にいくと「コスタリカで引退生活を送るには」といった類の本が数冊並んでいて、どれもよく売れている。中身はこの国に移住する手続きのノウハウ、月々いくらかかるか、生活物資の値段、いい女の見つけ方、信頼のおけるいい医者のリストなど、至れり尽くせりである。

もう一つ、この国の隠れた人気のあるものは美容整形だ。アメリカの大学で修業していいテクニックを持った医者が、アメリカの何分の一かの値段でやってくれるというので、婦人、老人たちに人気がある。信頼のおける医師のリスト、豊胸手術いくら、隆鼻手術いくらといった情報まであって、感心させられる。

一例をあげると、豊胸手術は二五〇〇ドル。二日間入院したあと、ホテルに一〇日静養して、これが一八〇〇ドル。手術のあと患者は病院の特別寮で回復を待つが、その費用は三食および術後手当つきで一日六〇ドル。家族の付き添いも認められるが、その費用も一人一日六〇ドル。空港からの往復の交通も含むとある。日本の専門医に聞くと、とても安いとのことだった。

この国には独身の外人にコスタリカの女性を紹介する会社があり、これまで何百組と結婚させた社長の一文が本の中にある。

自分は公認会計士を引退した四十六歳のアメリカ人で、ハンサムでも金持ちでもないが、三十五歳のコスタリカの女性と結婚して一〇年目だ。妻は四人の子供を産んだあとも太ることなく、スラリとしていて、まだ二〇代としてもとおる。彼女は素晴らしい母親で、妻で、恋人で、そしてビジネスパートナーである、とのろけている。そんな本を読めば誰だってその気になるではないか。

首都サンホセの周辺は標高一二〇〇メートル前後の高地で、年間を通して春の気候だ。暑い夏が欲しければ、東西の海岸におりていけば太平洋やカリブ海がある。

カヌーで川を下っている時、何人かのパドラーに会ったが、ほとんどが引退したアメリカ、カナダからの老人で、カヌーが上手いのには感心した。カヌーのようなものは小さい頃から遊んでいれば、どうってことはないものだ。

カナダからきたある年金生活の夫婦に訊くと、彼らは二つのベッドルームと五つの部屋のある家を借り、メイドを一人雇い、月一二〇〇ドルで暮らしている、といっていた。

一カ所に居を定めてしまおうとすると失敗することが多い。あまりはりきって一挙に生活を変えてしまおうとせずに、最初は外国に半分、日本で半分暮らすという気持ちでいた方がいいように思われる。二〇代の青年なら日本を簡単に捨てられるが、何十年も日本にいて、体にしみついた「日本」というやつ、これを切り捨てるのはとても難しい。われわれのようなアウトドア人間は日本の自然のよさを知っているので、外国にいくとすぐにホームシックになってしまう。よほど自然が美しく、人間がやさしい国でなければならない。

将来、一年の何カ月かを暮らす外国としてぼくが考えているのは、ニュージーランド、カナダだが、これにコスタリカが加わった。スペイン語は英語よりもやさしいから、うんと勉強して可愛いこちゃん「ボニータ」と人生その他諸々について議論できるようになる、といいな。

ここ十数年、ユーコンでドイツ人のマウンテンマンを見かけることが多くなった。以前からユーコンやアラスカにくるドイツ人は多かったが、最近はここに住み着いて、土地の先住民の女性と結婚して国籍を簡単に取ってしまうドイツ人によく出会う。

二〇〇〇年一年間でユーコン上流のホワイトホース（カナダ）に遊びにきた日本人が一五〇〇人いた。夏の川下りやトレッキング、冬の犬ゾリ、雪中キャンプ、アイスフィッシング、オーロラ見物などをするのだ。日本の青年たちの中で先住民の女性と結婚する人、または先住民の男性と結婚する日本の女性がそろそろ出てもいい頃だ。

「カナダやアラスカの先住民と結婚すると、色々な特権があるからいいぞ」

「どんな特権ですか？」

「まず、いつでも好きなだけ狩猟や漁業ができる。それもライセンス料なしだ。それからアラスカにいくと、これは先住民や白人に関係なく、三年以上住んだ人には年間一〇〇〇ドルのお金を州政府からもらえる。五人家族だと五〇〇〇ドルだ。五人家族の生活費は年間一万ドルくらいだから、生活費の半分を国からもらえるわけだ。アラスカで結婚したら子供をどんどん作るんだな」

これは十五年前、オイルマネーがどんどん入ってきて金が余っていた頃のアラスカだ。現在はどうなっているか知らない。

白人の男と先住民の女性との間に生まれた娘と結婚した白人の男がいる。この男は先住民の血を半分持つ女性の夫であるということで、一般の白人よりは狩猟により多くの権利を持っている。しかし、彼の息子は血が薄くなった分だけ権利が少ない。十二歳の息子が父親に聞いている。

「父ちゃん、それじゃあ、ぼくはこの時期にムースを射っていいの?」

父親がいった。

「ダメだ。お前はそれほどインディアンじゃない(You are not so much Indian.)」

「チェッ、もっとインディアンだったらいいのに」

カナダ、アラスカでは先住民であるというのは人もうらやむいい身分なのである。

日本の青年男女たちよ、がんばってユーコンの人と結婚してくれ。そうしたら、遊びにいくから俺を泊めてくれよな。

外国への移住を考える時、ニュージーランドはとても気になる国だ。南半球にあるので日本が冬の時にいって夏を楽しめること、山紫水明で人が少なく、カヌーや釣りなどのアウトドアが満喫できること、民度が高く、犯罪が少ないこと。現在、世界で若い女性が一人でヒッチハイクをして安全なのは、この国だけだといわれる。

四十五年ほど前、初めてこの国にきた時、女学生がテニスのラケットを抱えて、ヒッチハイクで通学しているのを見た。老いも若きも早朝起きてジョギングしていた。その頃、日本ではジョギングという言葉すらなく、この人たちは何をしているのだろうと不思議に思ったものだ。これはいい国だと思った。

その頃、ぼくは日本が嫌でたまらず、日本で暮らすことに絶望していたので、真剣にこの国に移住することを考えた。当時は東南アジアの人間がオーストラリアに移住するのはとても難しかった。

それ以来、数回この国にきているが、その都度、目を洗われるような経験をしている。

この国のある川では、川下りする人のためにレンジャーが車を回送してくれる。カヌーを漕ぐ時、一番問題なのは最終地点でのピックアップだ。これをレンジャーがやってくれるのだ。こういうシステムを持っているのは世界で他の国にはない。出発の時、レンジャーに最終の上陸地点をいうと、ちゃんとそこに車を運んでカギを保管しておいてくれる。その時のレンジャーたちの感じがとてもいいので感心させられた。ろくな仕事をしないくせに、傲慢で威張っているだけの役人を見慣れている日本人には感動的な体験だった。

ある繁華街で車を降りて買い物にいき、戻ってみると車はレッカー車で運び去られていた。そこは駐車してはいけないところで、ぼくはそれを知らなかったのだ。警察にいって罰金を払おうとすると、窓口の係がこの国にいつきたのかと訊いた。その日着いたばかりだと答えると、係官は、きたばかりでこの国のルールを知らない人間から罰金を取るのは公平ではない、といい、お金を取らなかった。

この話はどこかに書いたことがあるが、何度でも書きたい。末端の役人がマニュアルどおりではなく、自分の判断で事件を処理している国はいい国だと思う。

正月の休みにこの国の首相が、大きな携帯電話ボックスを持った秘書一人を連れて山歩きの数人のツアーに加わり、歩いている写真が新聞の一面に出ていた（当時はまだ小さな携帯電話はなかった）。ぼくと一緒にきていた夢枕獏が、「こんな健康な国で怪しい小説は書きにくいな」といった。

これはいいなと思っていると、次々に行政改革を断行した。ニュージーランド航空や電信電話局やニュージーランド銀行や鉄道まで他国の企業に売り払い、国の機構を小さくして身軽になった。最良の政府とは最小の政府である。国家とか権力などというものが小さければ小さいほど、国民は幸福になれる。

公務員の数を半分に減らし、それまで赤字だった財政を黒字にしてしまった。官営より民営にした方が能率が上がり、利益も多くなるということはわかりきったことだ。役人の権力が強すぎ、役人の数を減らすことができずに喘いでいる日本から見ると、国を民営にしたといわれるニュージーランドは断然輝いて見える。

あるところで会ったアメリカ人は、この国に自分の財産の半分を持ってきて銀行預金をしている。ニュージーランドは銀行の年利が八パーセントと高いので、その利子だけで食っていける、毎年冬はニュージーランドにきて過ごすのだといった。

この国の女性と結婚するのが一番簡単なのだといったのは、大きな体をしたマオリの女性だった。私と結婚すれば、あなたは明日からニュージーランド人になれるといい、ガハハと笑った。彼女はカヌーに乗せて重しにするにはいいが、お嫁さんにするには少し不向きのようであった。そのうちぼくは日本の女性と結婚してしまい、ニュージーランド人になることを断念した。

バイカル湖まで

海外旅行記には自分がいった国の悪いこと、不愉快なことはできるだけ書かないという不文律がある。しかし、今回はこの禁を破って愉快でない旅のことを書く。これだけ情報、交通網の発達した世の中で、まだこんな国があり、人々がいるのである。

二〇〇一年、モンゴル北部のフブスグル湖から流れだしたエグ川をどんどん下って国境を越え、ロシアのブリアート共和国に入り、バイカル湖までという一三〇〇キロの旅をした。テレビ用の取材なので退屈なところはとばし、面白いところだけを漕ぎ、見るというやり方で、約四〇日間かけた。同行は藤門弘。それにテレビスタッフ五人、現地人スタッフ五人。ほとんど川辺のテント泊で、食事はモンゴル人のコック二人が作ってくれるという大名旅行である。国内の移動は飛行機を使わず、ヘリをチャーターした。この国の航空会社は予約を入れても必ずダブルブッキングするので、当日、飛行機に乗れないことが多い。それに、国内便の飛行機は機体に穴が空いているため、離陸後、空気の冷たい高度に達すると突然白い蒸気が噴出し、大騒ぎになった。慣れた人はまたかと思うが、初めての人は飛行機火事かと思い、死ぬ思いをする。ヘリもいろいろ問題があるが（前年墜落して日本人が数人死んだ）、上空からの撮影も必要なので、一同は、これ大丈夫かね、とヒヤヒヤしながらヘリに乗った。

最初の二週間、川は三級の瀬が続き、魚がよく釣れ、人ともあまり会わず、痛快だった。その後、モンゴルの町や都市に入ることになり、すると様々な問題が出てきた。草原に住むモンゴル人たちは善意に充ちており、そこの旅は快適だったが、町に入ると役人および役人的人間が多くなり、あちこちで支障が起きた。この国では汽車やホテルを予約しても意味がない。予約したホテルにいくと他のお客が入っていたり、予約した寝台車の切符はもうないといった具合だ。あるモンゴル人に、これから観光業をやっていきたいが、どうしたらいいのかと訊かれた。

「君たちはサービスという意味を知らないから大変だな。同情するよ。まずお客がきたら、いらっしゃいといって笑うんだ。君たちには挨拶をして微笑む習慣がないだろう。お客の部屋にメイドが入る時は、ノックをしたり、エクスキューズミーというべきだ。いきなり黙って入ってくるのはいかんよ。この国の飛行機のスチュワーデスなどは乗客を憎んでいるとしか思えない。まず観光客を呼びたいのなら、あのスチュワーデスやホテルの従業員を徹底的に訓練するんだな」

ウランバートルのホテルでアメリカの新聞記者と話をした。

「この国は一九四〇年代にスターリンにならって大粛正をしたんだ。当時わずか七〇万だった外モンゴルの人口が、それで六〇万になったといわれる。特に高卒以上のインテリはみんな殺されている。今の人口は二五〇万人。人口は復活したが頭のいい奴、元気な奴はみんな殺されたので、国民に覇気がない。彼らはまだ政府を恐れているね。ちょっとでも政府に反対すると抹殺された時代を忘れていないのだろう。この国で笑っている人をあまり見かけないだろう」

「あそこでニコニコ笑っている女性がいるよ」

「あれはこのホテルを根城にしている売春婦たちだ」

探究心の強い藤門弘がホテルのロビーをうろついている可愛い女の子全員に声をかけ、君はここでどんな仕事をしているの、と聞いたら「セックス」と答えた。モンゴルでもブリアートでも一番感じのいい笑顔を見せた人たちはみな売春婦だった。確かにあの職業は個人営業の最たるものだから、愛想をよくしなくては成り立たない。

旧ソ連（ブリアート）に入る国境で七時間待たされた。

ブリアート共和国はモンゴルよりもひどい国だった。一〇年前の自由化以来、西の風が入ってきて、モンゴルですら多少変わったのに、ここには自由化の風はまったく吹いていないのだ。

ブリアートの首都、ウラン・ウデにいく。人々の表情がとても暗く、とげとげしい。一番いいといわれる大きなホテルに泊まったが、ホテルとは名だけの民宿のようにお粗末な内部施設だった。そして悪いことに、各フロアに旧共産諸国でお馴染みのカギ係のおばさんがいた。別に何をするでもない、あれは旅人を監視するためのものだ。

タクシーに乗っていると、いきなり警官が車を止めて乗りこんでくる。こちらは驚くが、向こうは何の挨拶もせず、あるところまでいくとまた車を止め、降りていく。住民の乗ったタクシーを自分のいいように使っているのである。市民は軍人や警察の制服に会うと恐れて目を伏せていた。

川に出るとホッとした。ここでは少なくとも小さな自由がある。

バイカル湖まであと一週間。モンゴルの人たちは親水性がなく、泳いだり釣ったりする人がほとんどいなかったが、ロシアに入ると泳いでいる子供、釣り人が増える。しかし、釣りをしている人に近寄って、こんにちはといっても返事がない。とても険悪な顔をして、声をかけるようなムードじゃないのだ。この日の収穫は泳いでいた四人の高校生だった。外国人に対して好奇心を丸出しにしている。藤門がしっかり勉強しろよといい、他人の子供なのに俺も要らんことをいったものだとつぶやいた。長年の国策の失敗で荒廃し、貧困のどん底にあるこの国で、彼らがこれからどんな青春を送るのだろうと考えると、胸が痛んだ。

川はバイカル湖に出る前にデルタ地帯に入った。川幅五〇〇メートル、両岸は泥で葦がびっしりと生えている。利根川の河口を想いだした。あるところで二人の釣り師がおり、数本の投げ竿を岸に立てて、ぶっこみ釣りをやっていた。テントを張り、週末のキャンプをしながら釣りをしているのだ。

近くの化学工場の技師だという一人は詩人でもあり、自作の詩を朗読してくれた。藤門がその詩を通訳に訳してもらい、それを日本語の俳句に直した。そのことでブリアートに対する印象がずいぶん明るくなったと思う。ぼくは少しホッとして、「バイカル湖のほとり」の曲をハーモニカで吹きながら流れ下った。

川を下って本を読むべし

先日、川を下っている時、某大学の探検部の連中と一緒になった。焚き火を囲んで酒を飲み、話をした。読む本がなくなっていたので、本を交換しようというと、彼らはポカンとしていた。その学生たちは何日も旅をする時に、本を一冊も持っていなかったのだ。そういえば話をしている間、彼らがまともな日本語を喋っていないことに気づいた。日本語がとても下手で、幼稚なのだ。語彙が小学生並だし、感嘆詞や擬音語が多すぎる。本を読まないと、こんなサルのような言語生活を持った人間ができる。日本と外国の川の一番の違いは何かといえば、川旅をする人の読書である。外国の川で会う人はみんな本をよく読む。ツーリングカヌーというのは生活をカヌーに積みこむので、その人の趣味や好みが出る。

ユーコン川やマッケンジー川を下ると、一週間か一〇日おきに小さな集落に着く。人口一〇〇～二〇〇人くらいの小村だ。そんなところにもちゃんと図書館、または図書室というものがあって、本を貸してくれる。ぼくは旅の者だが、この本を読みたい、というと係員が快く貸しだしをしてくれるのもいい。貸しだし券を作ってくれと頼み、ぼくの住所を「川原（River bank）」にしてもらうのも楽しかった。今ぼくの手元に数十枚の図書貸しだしカードがあるが、マッケンジー川を始めとする、あちこちの川の名を冠した「川原」という住所がとても気に入っている。その中の一枚は沖縄のそばの沖永良部島の図書館の貸しだし券で、住所は「屋子母《やこも》海岸」になっている。その時ぼくは海岸にテントを張って三カ月暮らしたのだ。四人用のテントを三つ張って、一つは寝室、一つは荷物室、一つは折りたたみの机と椅子を置いて書斎にしていた。

ユーコン川の人口五、六〇人の小さな集落では、そこで一軒だけある食料雑貨店の前に大きなダンボール箱がいくつか置いてあり、その中に数十冊の本が入っていた。カヌーで通過する人々が読んでしまった本をそこに入れるのだ。やってきた人はその中から気に入った本を持っていくし、または自分が読んだ本をその中に放りこむ。本のリサイクルだ。同じ本を村人が読むことで、本に関する感想や批評を楽しむことができる。ぼくがその中に日本語の文庫本を入れると、国際的になったといって村人は喜んでいた。ユーコン流域の村の本棚や箱の中に日本語の本があったら、それはぼくが置いたものだ。これからユーコン川を下る人はどんどん日本語の本をばらまき、日本語の普及に努められたい。

　三〇年前、マッケンジー川を下っている時、プルドー湾の石油関係の仕事を求めてあちこちから男たちが集まり、仕事の空きが出るのを待っていた。待機中は宿屋に泊まるお金を惜しみ、川原のテントで暮らしている男が多かった。彼らは集落の図書館から本を借りてきて読んでいた。大判のハードカバーの本だ。

　村の図書館員の態度がとてもいいのには感心させられた。彼らの仕事は人に本を読ませることであるという認識があり、とにかく本を持っていけという。日本の田舎の図書館は夕方の六時になると閉館になるところが多い。ぼくのいる徳島は県立や町立の図書館も六時には閉館になる。仕事を持っている人が会社の帰りに本を借りるなどということは考えてもいない。日本の図書館を見ると、なるべく住民に本を読ませないようにするのが仕事だと考えているようだ。たくさんの無意味な規則を設けて、その規則に合わない人には決して本を貸さない。こういうのは文化の差だろう。町内に住んでいる人にしか貸さないので、なぜかと訊くと、よその町の人は本を返さないからと責任者が答えた。一回に五冊までというのも一〇冊にさせた。しかし館内に置いてあるビデオの持ち出しは禁止だ。館内のモニターテレビで観ろという。ここの図書館員は、映画をちゃんと観たことがないのだろう。とにかくやたらに「禁止」する。

　ユーコン川の上流、ホワイトホースからドーソン間七〇〇キロは毎年夏になると数千人の人が川を下る。だいたい二週間というのが平均的な川下りの日程だ。このコースは流れは速いが（時速一〇キロ）、浅瀬がないのでフネが岩にぶつかったり、沈することが少なく、まったくカヌーが初めての人でも楽しめる。ここを下っていると家族連れのグループによく会う。一緒に川下りをし、キャンプをしていると、小学生の子供たちの日常が嫌でも目に入る。この子たちが親の手伝いの合間に本を読んでいた。それも漫画や週刊誌ではなく、ハードカバーのきちんとした本だ。テントの横で読書している子供たちの姿はいいものだった。

最終地点のドーソンは政府公認のカジノがあって、カンカン踊りを見ながら酒を飲めるようになっている。二週間の荒野の旅のあとでは、大人たちはこういう盛場にいって遊びたい。しかし、カジノに子供を連れては入れない。どうするかというと、子供をドーソンの図書館に連れていってぶちこみ、待ってろといい、自分たちはカジノにいって遊び、夜一〇時過ぎ、帰りに図書館にいく。館内に入ると、子供たちが机に座って熱心に本を読んでいるのもいい。

「今ちょうど面白いところだったのに」

などと残念がりながらガキどもが出てくる。先進国では荒野の中でも図書館があり、それが夜遅くまで開いている。そしてそれを利用する人たちがいる。アメリカの都市部では二十四時間オープンという図書館がある。

川は日の出前後から二、三時間が一番美しい。早朝の川の清々しさはたとえようがない。熱いコーヒーを入れて、すすりながら、川霧が流れていくのを眺める。夜明けの川を取り巻く自然は荘厳だ。

その中で本を読むのは大いなる快楽だ。川でキャンプする人は一度早起きして、早朝の川原で本を読んでごらん。どんな難しい本も頭に入る。野外の読書で体験するものは、猥雑な日常生活の中では経験できない思考、感覚、感情、抽象的な世界である。それが本、活字の効用だ。抽象的な世界を持ってない人間は動物と変わらない。非日常の世界で羽を伸ばし、空を飛ぶこと。アウトドアの目的とはそんなところにあると思う。俺は早起きして本を読んでみたけれどつまらなかったぞ、という人は、もともと本には縁のない人だから、無理をせずに目に見え、手で触れることのできる現実の世界だけで生きればいい。

ユーコンの夏は白夜だ。特に六、七月は一日中、本が読める明るさがある。極北といえども夏の陽光は暑い。そういう暑さを避けて夜間だけフネを漕ぐことがある。両岸に広がる原生林の中の「オオオォーン」というオオカミの遠吠えを聞きながら、漕がず、ゆらゆらと流れていく。腹の前に横たえたパドルのシャフトの上に本を広げ、ゆっくりと下っていく白夜の川の時間が何よりも好きだ。

青年よ、一人で荒野を歩むべし

どんな旅が好きかと聞かれたら、アラスカ、カナダの荒野を流れる川を一人で下る旅が一番好きだと答える。

何日も人に会わないで寂しくないですかと聞かれたら、寂しいがそれを悪いこととは思わないと答える。孤独は人間の感情の中でも最も高い、大切なものだろう。この国では一人になること、一人で行動することを恐れ、苦手とする人が多い。幼稚な人間の住む国なのだ。

猥雑な日本にいると、ツンドラの匂いのするアラスカの風を懐かしく思い出す。針葉樹と冷たい泥の匂いを含んだユーコン川の大気。オオカミの遠吠えを聞きながら、白夜の川を一人で下っていく時のしみいるような寂寥感。

携帯用のテーブルとイスを組み立て、広い川原でコーヒーを入れて本を読む。周囲五〇キロに人間は一人もいない。世界一の書斎である。クマが出てくるので、銃はいつも手の届くところに置いておく。ある時、イスに座っていい気分でいる時に一頭のクロクマがひょっこり出てきた。ぼくは思わず「バカヤロウ、あっちへいけ!」と怒鳴ってしまった。クマはぼくに叱られてあたふたとし、悪いといった風情で頭を左右に振りつつ、森の中に入っていった。もし、ぼくの方が二人か三人連れだったらクマは決して出てこなかっただろう。単独行の醍醐味はこんな点にある。

親しい人たちとワイワイ騒ぎながら、ビールを飲みつつ川を下るのも悪くない。しかし一人旅の面白さにはかなわない。旅の重さが違う。単独行の胸をキリキリと刺すような孤独感、荒野を一人で旅する透明な緊張感はもっといい。

一人で荒野を歩く、一人で川を下るというのは男の(女でもいいが)一大テーマだ。

三十数年前、ユーコンの支流ポーキュパイン川を下っていた時の話だ。この川はグリズリーが多く、毎日大きな足跡のある砂の上にテントを張って寝るのは、とてもスリルがあった。その旅でぼくは銃を持っていなかった。

出発して一週間目に一軒の小屋を見つけて上陸した。一人の片腕の先住民がそこに住んでいた。男の丸太小屋は四方の窓に銃が立てかけてあった。グリズリーが多い場所で彼の小屋に泊めてもらえるのはありがたかった。

彼はそこから三〇キロ下流のオールドクロウというグウィッチン族の集落に生まれ育ったが、みんなと暮らすのが嫌で、一人暮らしをしていた。オールドクロウはカナダでも特に辺鄙《へんぴ》なところで、したがって白人は、駐屯している一人の騎馬警官とその家族をのぞいてはいない。その人口二〇〇人の小村ですらとてもうるさいと感じ、そこを脱出する人間がいるのを面白いと思った。

男は大きな燻製小屋を持ち、そこで獣や魚、カモなどを燻製にしていた。冷蔵庫がないのでそれしか保存の方法がないのだ。その肉の匂いにつられてクマがくる。男とぼくが話をしている最中にグリズリーが現れたことがある。片腕の男はライフルを丸太の上に乗せ、空に向けて威嚇射撃をして追い払った。

男は一人暮らしのよさについて語った。

「誰にも気を使わなくていいのがベストだ。何をやっても誰も文句をいう奴はおらん。俺は自由だ」

オールドクロウの村で一週間テント泊をした。その時、上流から一人の若い女がクレッパー艇を漕いでやってきた。彼女はぼくの隣にテントを張った。前回はボーイフレンドときたがケンカばかりしていた。今度は一人でとてもいい、私は自由だといった。

オールドクロウを出て一週間後に一人の白人に会った。彼は川の近くに住むマウンテンマンだった。アメリカの大都会で会社勤めをしていたが、会社を辞め、妻子を捨て、二〇年前にここにきたという。彼の小屋の周辺数十キロに誰も人がいなかった。彼もまた呪文のように、俺は自由だ、といった。

彼らは荒野の中の一人暮らしの寂しさ、不便さよりも、自由を選んだのである。その生活を自由と感じるか、寂しいと感じるか。

外国の大きな川では一人で下っている青年男女をよく見かける。ちょっと屈折した顔をして青年が荒野をさすらっている光景はいいものだ。

日本の川で一番不足しているのは単独行のパドラーだ。考えてみると、この国では何かを一人でやるというのは変わったこと、変人がやることという社会的概念がある。昨今の日本では一人になったことのない大人が多すぎる。

団体旅行というのは日本人が考えだしたものだ。旅行というとても個人的な行為も、日本では集団でするのが普通だ。新婚旅行の団体ツアーは外国ではこの人たちは変態ではないのか、と奇異の目で見られている。その新婚さんの服装が全員似通っているのもまた気味が悪い。東南アジアにいくと団体で買春にきている日本人すらいる。日本人には「個」がないのだ。

青年よ、群れるな。いつも誰かとつるんで同じことをやり、同じことを考えるのは幼稚な人間のすることだ。青年は孤高であるべし。そして、荒野を一人で歩かなければならない。

ジョン・クラカワーの『荒野へ』(集英社刊)という本がある。アラスカの荒野に一人で入り、森の中で本を読み、身の回りでとれるものを食べて自給生活をし、哲学をしながら生きたいと試みた青年の話だ。

彼は持っていた金を全部人にくれてやり、わざと無一文になって、二十二口径の小さな銃一つを持って荒野の生活を始める。裕福な家族との絆を切り、「荒野の孤独な漂泊者」の人生を目指す。シティボーイの彼は当然多くの初歩的なミスをおかす。そのあたりの気楽なアウトドアキャンプではなんでもない笑って過ごせるミスも、アラスカでは命取りになる。彼の餓死死体は一年後、猟にきた男たちに発見された。二十数年前に起きた実際の話だ。

この本がアメリカで話題になったのは、都会の自然に無知な青年がアラスカで自給生活をしようとして失敗した話だからではない。主人公の青春期特有のストイシズム、荒野の中で求道者たらんとする彼の人生模索に多くの読者が共感したからだ。青年はみな求道者だ。そうでない青年もいるがそんなのは無視しよう。若い時は誰しもこんな冒険、荒野の生活に憧れるものだ。

日本の若者の多くは物心ついた頃からあらゆることを「危ない危ない」といわれ、何かを自分の判断でやったことがない。そしてそのまま大人になり、人の親になる。

それでも、日本の管理社会から抜けだして何かを証明したい青年がいて、ユーコンにくる。日本のやさしく美しい自然に比べると、ここはすべてが荒々しく苛酷だ。その荒野の中に入って日本の青年たちは初めて手に入れた自由に呆然となる。何をやってもいいといわれて、途方に暮れるのだ。自由というのは実力のない人間には辛く重い。

ユーコン川の上流で一人の日本の青年に会ったことがある。彼はぼくの本を読み、「単独行」「自由」という言葉に触発され、勇躍してきたのだった。それから二週間後、ユーコン川を下り、ある岸に上がるとその青年がいた。彼はぼくを見ると、寂しかったといって涙を流した。二週間誰とも会わず、心細くて死にそうになっていたのだ。周辺数十キロに誰もいないところで一人で暮らすことに彼は耐えられなかったのである。

ユーコン流域のキャンプ場で会ったカナダの男がいった。

「この前きた日本の青年は、ナイフの代わりにカッターナイフを持ち、釣りをするために用意したルアーは一個だけだった。あれでは自給できないよ」

ツーリングカヌーをしよう

もう四〇年以上もツーリングカヌーの話を書いているが、日本ではツーリングカヌーは主流にならない。相も変わらず競技に使うスラローム艇に乗って川下りをしている人が多い。各地で夏になると子供を対象にカヌースクールが開かれているが、たいていはスラローム艇を使用し、指導者もすべてスラロームしか漕いだことのない連中だ。子供に大げさなヘルメットやライフジャケットを着けさせ、最初からフェザリングして角度をつけてパドルを持たせ、そして少年たちにフォワード・ストロークとかリバース・ストロークとか、難しい横文字を使って教えている。英語のできない奴ほど英語を使いたがる。

そこの子供にカヌーは面白いかと聞くと、フネがクルクルまわるから面白くないと答える子供がほとんどだ。子供にはまっすぐ進むフネを与えるべきだ。すると五分で彼らはカヌーに熱中する。そういうカヌー好きの子供を育て、中学、高校に入り、充分に筋肉がついてから競技カヌーを教えればいいのだ。

カヌーをやる広い底辺の人々があって、その頂点に競技カヌーがくるピラミッド型のカヌー人口が望ましい。しかし、カヌー連盟という頭の悪い権威主義的団体はやり方を改めない。その結果、カヌー人口が減って（当然だ）会費が集まらず、破産し、どこかの会社になんとかしてくれと泣きついているが、ぼくは全然同情しない。

ユーコンなどの川にいくと、世界中からこの有名な川を下りに人々がくる。何千人きても広い川だからほとんど会うことはない。しかし、いいキャンプ地には人が集まる。いいキャンプ地とは、きれいな流れこみがあり、気持ちのいい砂場と森のあるところだ。テントの前の流れに釣り竿を出すと、マスやグレイリングが入れ食いになる。そういうところでは終日のんびりと釣りをし、本を読み、何日か停滞する。上流から流れてきたカヌーが寄ってきて挨拶を交わす。

「ここはよく釣れるよ。寄っていかないか」

あるところで九ハイのカヌーが集まったことがある。夜、焚き火の前で酒を飲み、火を囲んで話をした。ドイツ、フランス、イギリス、アイルランド、ノルウェー、オーストリア、カナダ、アメリカ、そして日本人のぼく。小さな国際会議である。共通語は英語だ。気分よく酔ったカナダの男が立ち上がってロバート・サービスの詩を暗唱した。「ユーコンの掟」という有名な詩だ。アメリカの青年が立ち上がってホイットマンの「草の葉」をやった。ドイツ人が立ち上がってシラーの詩をやった。フランス人が立ち上がると二、三人が「ベルレーヌの『秋のうた』をやってくれ」と注文した。みんなが知っているのだ。フランス語のあと、それぞれ自国の言葉で「秋のうた」を暗唱しあった。英語もドイツ語もそれなりに良かった。ぼくも日本語でやった。

秋の日の／ビオロンの／ためいきの／身にしみて／ひたぶるに／うら悲し

詩が尽きるとアメリカの男が映画「カサブランカ」の中の名セリフを真似した。この映画はよく知られているので、男がハンフリー・ボガードそっくりの口の動かし方をして喋ると、みんなが笑うのである。

「昨日はどこにいたの？」
「そんな昔のことは覚えていない」
「今夜はどうするの？」
「そんな先のことはわからない」

そして映画のラストシーン。

“This is the beginning of our beautiful friendship.”で終わると拍手喝采だった。

ぼくがハーモニカで「五木の子守歌」を吹くと、フランス人がギターを出し、伴奏をつけてハモらせた。ノルウェーの男が笛を取りだしてバイキングの歌を吹いた。カナダの男が、それでは、といって大きなチェロを持ちだした。彼はなんとカナディアンカヌーにチェロを積んで旅行していたのだ。バッハの力強い曲がユーコンの川面に流れると、アイルランドの男がそれに合わせて優雅に踊った。

満月が出てユーコン川の宴を青白く照らし、対岸の森でオオカミが吠えた。

ツーリングカヌーとはかくも多彩で楽しい川の旅である。今度どこかの川をツーリングして、川原で詩の朗読会をやろうと思っている。詩の暗唱のできる人、楽器の上手い人（下手は不可）は集合！

かわいい犬には旅をさせよ

キャンプに犬を連れていく人が増えた。いいことだ。三十数年前、ぼくが初めてカヌーに犬を乗せて川を下った時、人々の反応はなんという物好きな、といったものだった。しかし、その犬がテレビのコマーシャルや映画に出、雑誌や本に写真が載るようになると、カヌーに犬を乗せる人が増えた。犬は主人と一緒にいたいのである。川が嫌いでも、主人と一緒にいるために我慢してカヌーに乗る。そして慣れる。

犬も子供と同じで、いつも外へ連れだし、世間を見せてやらないと馬鹿になる。ぼくは幸い田舎に住んでいるから、犬を思う存分走らせ、遊ばせることができる。毎日、犬を車に乗せて近くの川や海に連れていく。無人の川原や海岸を喜んで走り回る犬を見るのは楽しい。

一九九〇年代半ばから一〇年間飼っていた二匹の雄犬は、初代カヌー犬として知られたガクという犬の息子だ。ガクは十九年前に十四歳で死んだ。

ぼくの犬の飼い方の第一原則は、とにかくどこにいくにも犬を連れていくということだった。庭につなぎっぱなしで飼うのが一番いけない。玄関か廊下に犬用の小さなドアをつけ、家の中に上げ、寝起きを共にすると犬も人間やルールがわかるようになる。下手なしつけなんかいらない。犬がお手や伏せをしても意味がないではないか。ガクは日本中の川をぼくと下り、日本中のいたるところでぼくとキャンプをした。

その頃、ぼくは毎年カナダやアラスカにいっていたので彼も同行した。ユーコンの荒野の中で犬と二人きりで暮らした時間は、ぼくのアウトドアライフの中でのハイライトであった。ずっと二人だけでいると、ぼくは犬の気持ちがわかるようになり、犬もぼくの気持ちがわかるようになった。荒野の中ではぼくとガクは対等であった。川旅の連れとしては犬が一番いい。人間よりもいい。人間は文句をいうが、犬はいわない。

食料が切れて飢えたことがある。そんな時にかぎって魚は釣れず、鳥は銃の射程外を飛び、ウサギも現れない。緊急用のビスケットを一日三枚ずつ食べた。これは直径一〇センチ、厚さ一センチのタンパク質や脂肪をたくさん含んだ高カロリーのものだが、一日三枚では腹が減って仕方がない。もう一枚食べようと手を出すとガクがじっと見ている。するとぼくは恥ずかしくなって手を引っこめるのであった。

そんな時、ガクがキングサーモンの頭を拾ってきた。上流で先住民が料理したあと川に捨てたものらしい。川の水温が一〇度前後と低いので、そのキングの頭はまったく新鮮だった。それを四つに割り、潮汁にして、ぼくはガクと二人で分けて食べた。

そういう旅をして、三〇〇〇キロのユーコン川の最後の一二〇〇キロの地点でカメラの佐藤秀明と落ち合った。単独行なので自分の写真が撮れない。それで最後の部分だけ彼に写真を撮ってもらおうとしたのである。

佐藤と会うと不思議な現象が起きた。それまでぼくとガクは顔を見ただけで気持ちが通じていた。ところが佐藤がくると、ぼくとガクは普通の人間と犬との関係になってしまった。するとガクが怒り、佐藤に意地悪を始めた。佐藤のサンドイッチを盗んだり、佐藤のカヌーをつないだとも綱を噛み切ったりするのである。

ガクはカナダ、アラスカの川に八回いき、クマやムースと闘った。メキシコにもクジラを見にいった。そんな多くの体験を積んで、一〇歳をこえた頃からのガクは大変な風格があった。

ガクは急流を渡る時、フェリーグライドをした。体を斜めにして少しも下流に流されずに、きっちりと対岸に渡るのだ。クマもリスも流れを渡る時はフェリーグライドをする。最近の青年は川で泳ぐとすぐに溺れ死ぬ。危ない危ないといってなに一つやらせず、過保護に育てると、犬にも劣る人間ができるのだ。

犬の飼い方についてよく質問されるけれども、できるだけ外に連れていって、色々なことをやらせなさいということしかできない。犬も歩けばいいことにぶつかる。かわいい犬には旅をさせた方がいい。

ガクはカヌーに乗るのを好んだが、二匹の息子はフネに乗るよりも泳ぐのをより好んだ。カヌーに乗せると川に飛びこみ、深いところは泳ぎ、浅瀬や岸を駆け、後ろから追いかけてくる。二級三級の

▲ユーコン川をガクと下った。犬は最良の旅の友であった。

瀬などは平気で泳いで下る。子供を尻尾に掴まらせて泳ぐのも得意だ。この二匹に水難救助の練習をさせようと思った。

ユーコンの少年

一〇年以上前の夏のことだ。ユーコンにいって十一歳になったルークに会った。四年前に会った時よりずっと背が伸びて、体つきもがっしりとし、手首が太くなっている。

ある雑誌の取材でカメラマンと編集者と川を下るのに、ルークの父親のスコットにガイドになってもらった。出発点の州都ホワイトホースに「カヌーピープル」というユーコンで一番古いアウトフィッターがある。店の庭先にユーコン本流が流れており、多くの人がここから荒野の旅に出る。日本の川のように複雑な浅瀬や岩場がないから、カヌーが初めての人でも危険はない。スコットはそこのオーナーで、彼とは三〇年以上のつきあいだ。

ガイドは川の案内の他に、川旅中のキャンプ生活のすべての雑事をやってくれる。それにライフルや散弾銃、弓などの狩猟道具も持ってくるので、クマの多い川をいく時にはとてもありがたい存在だ。スコットは十八フィートのカナディアンカヌーに食料、タープなどの荷物を山のように積み、前部漕者にルークを乗せた。

「あいつ、大きくなってね、もう一人前の働きをするんだ」

とスコットは嬉しそうにいった。

出発するとルークは力強くパドルを漕いだ。キャンプ地に着くと真っ先に森の中に入り、焚き火のつけ火にするスプルースの枯れ枝をたくさん抱えてくる。そのあと大きな流木を集め、火を起こした。われわれが火のそばでビールを飲んでいると、ルークはまた森の中に入り、灌木の枝をひと掴み取ってきた。土地ではインディアンティーといわれ、これをポットに入れて沸かすと、香ばしい味のいいお茶ができる。地元の人は風邪、腹痛、二日酔い、恋患い、その他によく効くという。

朝起きるともうスコットが火を焚いてコーヒーを沸かしている。しばらくするとルークが起きてきて、起き抜けの茫然とした顔をして火の横に座る。頭がはっきりすると、ルークは父親の手伝いをした。大きな鉄板の上でパンケーキを焼き、それを一つ一つ裏返しにする。そのあと卵を落として、それも裏返しにする。いつもやっているらしく、少年の手つきは慣れたものだ。やがて父親が、できた、というと少年は日本語で「ゴハンデスヨ」とみんなに向かって叫んだ。「カヌーピープル」は日本人のお客が多いので、店の者は全員日本びいきで彼らも片言の日本語を喋る。

早瀬の前のキャンプ地で毛バリを投げるとグレイリングが入れ食いだった。淀みにルアーを投げると大きなパイクが釣れた。少年はナイフを手にして、それらの獲物を上手く三枚におろしてフライにした。残りは燻製にする。

ある川原で持ってきた洋弓やライフルで的射ちをして遊んだ。ぼくがやっとの思いで引いた強い弓を少年が軽々と引き、十五メートル離れたビールの空缶に矢を命中させた。

スコットはいい父親であった。日本では「危ない」といって親が禁止することを全部子供にやらせていた。大切なのはきちんと教えることだ。四年前にスコットが七歳のルークに大きな斧を持たせ、薪の割り方を教えていたのを想いだした。

ナイフや銃は危ないから持たせないのではなく、危ないから使い方、扱い方をみっちり教える。川は危ないから近寄らせないのではなく、危ないからこそ川での泳ぎ方をしっかり教える。学校で自分の子供がいじめられたら、相手を訴えるよりも、いじめられても自分で対応ができるようにボクシングジムや空手の道場に連れていく。ユーコンの大人たちのそういう考え方にぼくは共感する。

ユーコンでは体力や体技がないと生きていけない。だから子供たちはそれらを身につけた大人に憧れ、早くそういう男になろうとする。大抵の少年の理想像は父親であり、だからここでは父と子の絆が強い。親子の断絶といった問題は少ない。

二〇年ほど前まで、ユーコンやアラスカの川で日本の青年によく会っていた。現在は日本の若者は滅多に見ない。青年たちが荒野に出て一人旅をする。これは昔でいう武者修行であって、大変いいことだ。一つ気になったのは、これら日本の青年たちがナイフをあまり使わないことだった。魚をさばく時はどうするんだと聞いたら、魚は釣りませんという。大きな自然の中で生活する時、ナイフは必需品であって、これがないととても不便だ。日本ではナイフは決して子供に持たせないし、禁じられている。その結果、ナイフを使えない青年が増えた。ナイフを持たずに荒野の川を旅するのは大冒険であろう。

ユーコンのある友人の家にはいつも日本の青年が二、三人居候していた。彼は日本の若者たちが最初あまりになにも知らず、なにもできないので驚いていた。しかし二、三カ月鍛えると日本の青年たちはとてもいい野外の働き手になるという。要は慣れなのだ。ナイフや斧を使うのに才能はいらない。最近、日本でもアウトドア体験をさせる学校があちこちにできている。こういうところでたくさん経験をさせ、たくさん失敗をさせ、手作業に慣れさせればいい。

ルークは川旅が終わると二週間の労働の褒美に二万五〇〇〇円のアイスホッケーのスティックを買ってもらった。

自由に遊び、自由に死にたい

約五〇年前に初めてオーストラリアにいった時、当時首相だったホルト氏が行方不明になっていた。彼は海でのモリ突きが趣味で、素潜りで魚を突いていたのだ。多分サメに食われたのだろう、とのことだった。その時、世界中がこの国の健全さに驚いた。一国の首相の最大の趣味がアウトドアで、魚突きだったのだ。川や魚捕りに関心のない人にはわかってもらえないが、潜って魚をモリで突くほど面白い遊びはない。潜るたびに上手になるので面白さが増す。

その後、カナダを訪ね、首相のトルドー氏がツーリングカヌーを好み、国中の僻地の川にいき、景観のいいところはみな国立公園にして、開発を禁止していると知った。カナダ国民はアウトドアの好きなこの首相を愛した。カヌーをやる人々は、この首相がいった言葉をまだ覚えている。

「汽車で一〇〇マイルいっても、馬鹿は馬鹿のままだが、カヌーで一マイルいくと、人は皆、自然が好きになる」

三〇年前に、カナダの北西部を流れ、北極海へ注ぐマッケンジー川を下った時、河口で六〇〇トンのコーストガード船デューミット号に出会った。三カ月の川旅で乞食のような恰好をしたぼくに、船長がいった。

「長旅で疲れているだろう。ちょっと船に上がって休んでいけよ」

ぼくは船長室に入って、船長用の上等なウィスキーを飲み、船長用のシャワーを浴び、洗濯機を借りて汚れ物を洗った。その時、ぼくは彼に聞いた。

「ぼくがこのまま北極海を進んで、エルズミア島やグリーンランドや、バフィン島まで漕いでいくといったら、どうしますか?」

「俺が持っている情報はぜんぶ君に与える。もちろん君は死ぬだろうが、それは君の問題だ。われわれは別に反対しないよ」

その頃日本では、海でカヌーを漕ぐと、海上保安庁の船がやってきて、中止させた。危ないというのだ。ニュージーランドから一青年がやってきて、日本を海から一周した時、ぼくは彼をサポートした。その時、海上保安庁から散々、悪質な嫌がらせ、妨害を受けた。ある雑誌に、ぼくが「責任者は出てこい。ゲンコツで勝負しようじゃないか」と書いた。すると、責任者と思われる人から手紙がきた。

「これまでは、生業に関係のないプレジャーボートは、不要なものとして排除する方針だったが、これからはなるべく妨害はしない」

と書いてあった。海で生計を立てている漁師の船なら許すが、遊びのフネは許さないというのだ。日本の役人の遊びの感覚とはそんなものであった。貧しいのである。

プレジャーボートの最たるヨットなどもずいぶん苛められた。今でも、ヨットが港に入るのを拒否する漁港があるらしい。役人のこういう馬鹿馬鹿しい態度は、一向に変わらない。

数年前、知床半島を数日かけてカヌーで一周したことがある。遠い外国にいかなくても、日本にもこれほど素晴らしい自然が残っているのに感動した。上陸して小さな川をのぞくと、オショロコマがびっしりといたし、サケやマスが遡上していた。背後の藪からは、エゾシカがしょっちゅう顔を出した。

こんな自然が残っている理由はただ一つ。知床半島の沿岸を通る道路がないからだ。日本では景色のいいところは、みんながいけるようにとすべて道路を作り、ホテルを建て、土産物屋ができ、果てはゴルフ場まで作る。

ある日大波が出て、入り江に入って休んでいると、海上保安庁の船がきた。何か文句をつけたいのだろう。「ゴミを散らかすな」とだけいって去った。とにかく態度が悪いのである。

アラスカ最北端のブルックス山脈は国立公園になったが、その時、カーター大統領はいった。

「ここを国立公園にするが、道路やホテルは作らない。いきたい人は歩いていくか、自分で工夫をしていかれたし」

立派な見識である。ブルックス山脈の山中にある湖ウォーカーレイクまで、水上飛行機をチャーターして飛ぶと、川が流れだしていて、この湖から海までの冒険的な川旅が楽しめる。

フロートをつけた小さな飛行機に、折りたたみの利くファルトボートとキャンプ道具、犬を積んでいったことがある。

別れ際、パイロットがいった。

「遭難したら文明社会に帰れないからな。気をつけていってくれ。このあたりのクマは死んでる人を見つけると、頭だけ持っていく。クマは丸いものが好きだからね。一日中、君の頭を転がして遊ぶんだ。では、Good luck!」

ヘッドレス・バレー（首なし谷）という名の谷があったのを思い出した。

こういう死に方も悪くない。

◆第二章◆

日本の川へ

「泳ぎや魚捕りばっかりせんで、
ちっとは他の遊びも練習せんといかんばい」

とサンちゃんと話し合った。

サンちゃんがしみじみといった。

「ばってん、おどんな、潜る方が好いとる」

春きたりなば……

春がきた。

田舎で生活している人間にとって、春の到来ほど劇的なものはない。

子供の頃、郷里熊本の家の裏の梅林の花が咲くと、ウグイスがやってきて、高い声で鳴いた。それを聞くと、水がぬるむのを心待ちにしたものだ。やがてお宮の桜が満開になり、川の両岸に広がる田んぼにはレンゲの花がびっしりと咲き、頭上は小鳥の鳴き声で満ちた。

小学五年の時、竹を割り、肥後《ひご》の守《かみ》ナイフで削って数十本の竹ヒゴを作り、それでメジロやホオジロを入れる鳥カゴを作った。少し歪んでいたが、一応鳥カゴの役割は果たした。

「もうちょっとの辛抱だ。あと少しすれば、川で泳げるぞ」

縁側で、すり鉢で擦ったエサをメジロに与えながら、同級生のサンちゃんと話した。

「ナマズば捕りたかね。早よう魚が動き始めんかなあ」

われわれは小学四年くらいから、夏になると川に置きバリをして、ナマズやウナギを捕っていたが、肥後の守がなかったら、そんな手作業はとても面倒だったろう。

この前、長野県のある小学校にいった。そこでは入学すると、一年生に学校が肥後の守ナイフを全員に与えるのである。肥後の守はすぐ錆びるので、学校の水飲み場の横にはちゃんと砥石が置いてあり、生徒たちは少しでも錆びると、そこでナイフを研いでいた。それで鉛筆を削り、様々な手作業をする。五、六年生の肥後の守は、使い古して研ぎ減りしていた。

この学校の生徒の手先の器用さは、素晴らしかった。鉛筆が短くなると、シノダケを切って継ぎ足し、二、三センチになるまで鉛筆を使うのだ。ナイフはかしめのところが緩むと、ポケットの中で刃が開き、ケガをすることがある。この小学校の生徒たちのナイフはかしめが緩くもきつ過ぎもせず、いつも自分たちでその具合を確認していた。

昔、小学生の必帯品だった肥後の守ナイフが禁止になったのは、昭和三十五年に左翼の政治家が右翼の少年に短刀で刺された事件以来だといわれる。「ナイフがあるから殺傷事件が起こるのだ」と過保護な父兄が考えた。これは後ろ向きの考え方だ。ナイフは切れて危ないから、注意してナイフの使い方を覚えよう、というのが正しい。

四月になり、有明海から若アユが大挙して上ってくるのを見ると、心が躍った。

南九州の小学校では、六月になれば川での水泳が許されていた。しかし、高学年になると、元気な者は五月の暑い日には泳いだ。

中でも面白かったのは、昼休みに仲間と弁当を持ってこっそり脱柵し、学校からちょっと離れた江《え》田《た》川にいっていたことだ。川原で弁当を食べ、全員素っ裸になってひとしきり泳ぎ、何喰わぬ顔をして教室に戻った。

当時のぼくの担任の先生にこの前会った時、

「あれを見つかったら、殴《う》たれたですか？」

と聞いたら、そりゃあ殴ったじゃろう、といっていたから、結構スリルがあった。

「ああ、早よう一日中川で泳ぎたか。夏のこんかねえ」

と座敷でクロールの真似をしながら、われわれは水恋しさにばたばたと身悶えした。タタミの上の水練である。

六月の梅雨で、川は毎年氾濫した。田や畑は水没し、一日待つと水が引いて、畑の中に魚が取り残されて泳いでいた。それは子供にとって、魚を捕る最大のチャンスであった。梅雨時になると、ぼくは今でも血が沸き立ち、川のほとりをうろうろする。

ホタルが飛び交う季節になると、出走前の馬のように、子供たちは家の中でじりじりしながら、夏がくるのを待った。長雨で外で遊べない時、われわれは村の神社や家の土間で、パッチン（メンコ）やラムネん玉（ビー玉）をした。いつも同じ仲間でやるのは面白くないので、隣の村に時々遠征した。ある時、相手に凄い名人がいて、ぼくはパッチンもラムネん玉もみんな取られてしまった。

「泳ぎや魚捕りばっかりせんで、ちっとは他の遊びも練習せんといかんばい」

とサンちゃんと話し合った。サンちゃんがしみじみといった。

「ばってん、おどんな、潜る方が好いとる」

その頃、子供たちの遊びは多彩で、ぼくは凧作りも竹馬作りも、竹とんぼ作りも罠作りも下手ではなかったが、川遊びが一番楽しいと思っていた。潜って魚を捕るのは、やればやるほどコツがわかって、面白くなるからだ。

夏よこい。菊池《きくち》川の堰の水門から轟々と流れる水を見つめながら、少年たちは潜って魚を追う日を待ち焦がれた。

魚を手掴みで捕るには

小学生の頃、学校の帰り道に小川をのぞいたことがある。

その日は初夏で、汗ばむような暑さだった。気持ちのいい風が吹き、川を見ると、ちらちらと泳いでいる魚が見えた。カバンを岸に置き、ぼくは魅入られたように川の中に入った。

真っ白い砂底の川で、膝の深さにたたずんでいると、目の前に一群の魚がやってきて、ぼくを見ると慌てて岸の草むらに身を隠した。手を草の中に入れてみると、何かぬるぬるしたものに触れた。何度か両手で探り、一匹のアブラハヤを掴み捕った。

それから毎日、学校の帰りに魚を捕るようになった。石の下に手を入れると、そこにも魚がいた。ぼくは魚を捕るのが面白くなって川で過ごす時間が多くなり、ますます魚の手掴みが上手くなった。

泳いでいる魚を追うと、魚は石の下や草の中に隠れる。草の茂みや石などの隠れ場所のない川では、藻草をたくさん採ってきて、一カ所に固めておく。そして魚を追うと、彼らはみんな藻の中に入った。藻と一緒に掴むと、ぬめりのある魚も簡単に掴める。石の下に入った魚は両手で左右からはさみこんで押さえこむ。両手を使うのが肝心だ。片手ではすぐに逃げられてしまう。

捕った魚は竹の枝に通してぶら下げて帰り、ニワトリにやった。まだ農薬がない時代で、川や田んぼは魚で溢れていた。

ナマズやウナギはぬるぬるして掴めない。そこで、シャツを手に巻くと掴めることを発見した。ついてきた下級生たちは、ぼくがウナギを見つけると、シャツをさっと脱いで差し出した。

小学五、六年になると、川の深みに潜るようになった。同級生はヤスを使っていたが、ぼくは手で掴むのを好んだ。ヤスで突くと魚が死ぬので家で飼えない。

あの頃の日本の川は魚が多く、岩の下に手を入れると必ず魚がいた。二〇センチ以上のフナやコイになると、力のない小学生の手では捕れない。ぼくが最初にコイを捕まえたのは高校に入ってからである。ぼくの知っている九州の川は、夏の渇水期には水が極端に減り、ところどころの淵だけになった。直径一〇~二〇メートルの淵だから、そこに潜ると魚がみんな捕れる。一度逃げた魚も遠くには逃げられず、必ず捕れた。

一日中追いかけると魚も疲れる。夕方近くなると、五〇センチものコイが疲労困憊して、小さな石に寄りかかっているのだった。それを押さえこむのだ。

▲熊本、五木村の川辺川に潜って魚を捕る。岩の下にウグイやコイがひそんでいる。(撮影:佐藤秀明)

こういう話を書いていて、昔の日本の川の豊かさに自分でも信じ難い気がする。

この前、二十七年前の「怪しい探検隊」のテレビシリーズ、「コイの手掴み」のビデオを見た。熊本の冬の川辺川《かわべ》で録ったものだ。

それを見て驚かされるのは、コイではなく他の魚の多さだ。二、三〇センチのウグイが画面にびっしりという感じで、数十匹映っているのだ。


一昨年の夏、久しぶりに四万十川に潜ってみた。昔は遠くまで透き通って見えた川は、今では濁り、視界は三、四メートル前後に落ちていた。魚の数が少ないのに驚いた。

十五メートルの淵に潜り、えぐれた岩の穴に手を入れてみた。以前はそこでよくコイを捕り、刺身やコイコクにして食べたものだ。

コイは相変わらずその穴にいた。四、五匹のコイを撫でた。コイの頭を掴み、ゆっくりとぼくのアゴの下に持ってきて、魚体を胸につける。コイはぼくのアゴの下で、おとなしくじっとしていた。

筑後川のコイの抱き捕りの名人まあしゃんが、いつもいっていた言葉を思い出した。

「コイを捕る時はな、女子《おなご》ば抱くごつ、やさーしゅう抱いてやらんといかん」

「やさしゅう」か。

ぼくはそのコイを放し、浮上した。

アウトドア人間になるには

中学一年生まで熊本の田舎で一年中楽しく遊んでいた少年が、いきなり都会に出たらどうなるか。

福岡の久留米に転校して、ぼくが一番驚いたのは、遊ぶものが何もないことだった。市内を筑後川が流れていたが、子供には大きすぎ、寄生虫の日本住血吸虫症にかかるので、川遊びは禁止されていた。

仕方なく野球部に入った。前年に県で優勝した強豪校で、練習は厳しかったが、面白い野球を仕込まれた。しかし、これからという時に、また北九州に転校した。高度成長の始まりで、近くの遠賀川は石炭を洗った水で真っ黒になっており、泳ぐところがどこにもなかった。中学と高校は、ぼくの人生の中での暗黒時代である。

大学に入ってボート部に入部した。艇庫は隅田川の、その頃お化け煙突と呼ばれていた東京電力の四本煙突の前にあった。当時BOD五〇といわれていて、多分、世界一汚い川だったろう。近年、国内で常にワースト上位に入る猪名《いな》川下流（大阪）はBOD六・〇だから、その汚さがわかる。

しかし、人間は慣れる動物だ。一〇日もすると、ぼくは隅田川に慣れ、どんな汚物も平気になった。時々、人の死体まで流れていて、それにぶつかることがあった。さすがにその日は食事ができなかったが、そういうことにも慣れた。十数年前、モンゴルの川をテレビ撮影で下った時、腐った肉を食べてスタッフは全員入院したが、ぼくは平気だった。隅田川でバイ菌には慣れていたのである。

大学を出て、ぼくは三年ほど全国をヒッチハイクで放浪した。お金がなくなると、力仕事をした。ちょっと海から離れたところでは、川に潜って二、三匹のコイを手掴みにし、近くの旅館に持っていくと、タダで泊めてくれた。現在は魚の養殖と流通が整っていて、どんな山奥でもマグロの刺身が出るが、その頃はまだ冷凍技術がなく、田舎の旅館の最高の料理はコイコクとコイの洗いだったのだ。

まだ東京オリンピックの前で、外貨の持ち出しは禁止され、つまり外国にはいけない。鎖国の江戸時代のように、当時の若者は、狭い日本に閉じこめられていた。

大きなキスリングに水中メガネと足ビレ、シュノーケル、それと二本継ぎの手モリを持って歩いた。川原や海岸で野宿をし、あちこちの川や海、湖で潜った。大都市の周辺の川は汚かったが、田舎にいくと、当時の日本はどこでもきれいな川があった。

潜ると、思わず声が出るほど美しく澄んだ水中に、三〇センチ近いアユが群れている。北海道をのぞく日本中の川をこうして潜り、魚をモリで突いた。アユとコイ、西日本ではテナガエビが、旅の間の主食だった。

どの川も、のちに「最後の清流」といわれた四万十川や長良川《ながら》のようにきれいで、魚が多かった。水中メガネをつけて川に潜ると、その場で数百匹の魚が見えた。現在の日本の川は、数十匹もしくは数匹の魚しか見えない。昭和三〇年代から、日本の自然は大きく変化した。まずダムが無数にでき、

▲日本中の川、海、湖でこうして魚を捕って回った。1970年代。

▲1981年、多摩川を下る。川が洗濯洗剤の泡で真っ白であった。（撮影：佐藤秀明）

雑木林を全部スギやヒノキに植え替えた。これで全国の川の水量が減り、魚を養う川の栄養分がなくなった。

当時はまだ小中学校に宿直制度というのがあって、夜は男の先生が一人、必ず学校に泊まっていた。「こんばんは」と声をかけると、彼らは退屈しているから、ビールを出し、夜遅くまで話をし、教室に泊めてくれた。

この旅で最も強烈な印象を受けたのは、四国・吉野川の大歩危小歩危《おおぼけこぼけ》の周辺だ。まだ川に沿った道は舗装されてなかった。激流と激流の間の淀みに潜ると、三〇メートル先まで青く澄んでおり、アユやアマゴ、コイの群れが見えた。それを潜って突くのだ。あんな美しい川はその後、外国でも見たことがない。おまけに水温が高いから、一日中潜っていても体が冷えない。

それから五、六年して吉野川にいくと、早明浦《さめうら》ダムができていて、川は茶色になり、あちこちに大雨の時の流木が積み重なって、沼のようになっていた。あの時の喪失感は忘れられない。その頃からぼくはカヌーで全国の川を下り始めた。

国中の川に複数のダムができ、曲がった川が直線になり、国交省と建設会社が栄えた。これだけ破壊されながら、それでも春になり夏になると、日本の山は緑に覆われ、魚が絶えない。それは、年間平均一五〇〇〜二〇〇〇ミリという雨量の多さのためだ。

ぼくがアウトドアを職業とする人間になったのは、少年の頃、断ち切られた自然生活への飢えのせいだと思っている。

川ガキたちのゆく末

あれが自分の人生の節目の一つだったと思える出来事がある。

小学五年の夏休みの直前、長雨で村の大中小の川が氾濫した。そんな日の朝、学校にいく途中、冠水した畑の中に異様なものを見た。その畑の中に魚の背びれがいくつも見え、それがすーっ、すーっと動いているのである。

魚だ！

畑に入り手を伸ばして掴むと、二〇センチのフナだった。それまでコイやフナを素手で掴んで捕るのは大人がやるものだと思っていたが、子供にもできるのだ。セルロイドの水中メガネをつけ、川に潜ると岩や杭の間に魚を見つけることがある。しかし、それらの魚は手を出すとするりと逃げた。コイやフナはぬめりが多いので手掴みでは捕りにくい。ゴムつきのヤスで突くしかないと思っていた。それが洪水の時はこんなに簡単に手で捕れるのだ。

それ以来、ぼくは雨が降ると胸を弾ませて川の近くの畑にいくようになった。

魚捕りで一番面白いのは、手で掴んだり、ヤスで突いたりする捕り方だ。魚を目の前で見ながら捕る。そういう観点からすれば、釣りは間接的な漁労行為で狩猟の喜びはあまりない。子供の時にこういう捕り方を覚えると、その人は一生、川や海に潜って魚を捕るようになる。

ぼくが川遊び講座で教えた一人の少女は後年ユーコン川にいく時、ヤスと水中メガネを持っていこうとした。ユーコンは水温が低いから潜りはできないと説得するのに苦労した。

幼児体験というものは恐ろしいものだ。長じてぼくは川や海や湖に潜ってヤスで魚を捕るのが好きになった。あまり面白いので、川漁師になりたいと思っていた時期がある。実際、それから一〇年後、勤めていた出版社を辞め、日本を放浪した時、川の淵に潜りコイを手掴みして近くの旅館に持っていき、それで生活していた時期がある。冷蔵・冷凍庫も開発されていたが、山奥の宿までは普及されてないところも多く、依然としてコイが唯一のご馳走であった。その時のコイ捕りの稼ぎは会社にいた時よりも多く、とても痛快であった。

千葉の房総半島の湖畔で暮らした時期がある。今は東京からの釣り客で賑わっているが、その頃は誰も知らず静かなもので、その湖畔での生活は理想的だった。その頃のぼくの友人の子供たちはみなここにきて、魚捕りのイロハを学んだ。「釣りなんか素人がやるものだぞ。まず、潜りだ」そうして彼らは魚を手で掴んだり、ヤスで突く楽しさを知った。

ある夏、その頃遊びにきていた一人、Kが徳島の我が家に家族を連れてやってきた。小学六年だった少年は今や四〇歳で、沖縄で仕事をしており、三人の子の親だ。

家の近くの川にいき、潜って遊んだ。水に入ってはしゃいでいる子供たちを見ながら、Kと話をした。

「中学生の時に西表島に連れていってもらったでしょう。他に子供が四人いて、あれは楽しかったですね」

その時、彼は終日海に潜り、四〇センチの魚を数匹突いたのだった。

「あの時、野田さんがいない留守に子供だけでカヌーを漕いで沈したんですよね」

海のことを何も知らないから横波を食らったのだ。子供たちは無人島に泳ぎ着いた。カヌーは波に叩かれ、壊れてしまった。その時、彼は他の子供たちに、ここで待ってろ、といい、一キロほど離れたキャンプ地まで泳いでいき、助けを求めた。

ぼくが駆けつけると、漂流者たちはみんな落ち着いた顔をして砂の上に座っていた。一人の少年は浜辺で拾ったきれいなウミヘビとタツノオトシゴの死骸をビニール袋に入れて、大事に持っていた。

「あの時は全員パニックにならずに落ち着いていたな。感心したよ」

Kが川に潜り、テナガエビを捕り始めた。彼が一匹捕るたびに子供たちが「やったー！　お父さん、凄い」と叫んだ。この子供たちも大きくなったら父親のように潜りの名人になるのだろう。

Kの奥さんは沖縄の人である。彼らは初めてデートをした時、海にいった。タープを張って彼女はその下で休み、Kは海に入った。数時間後、彼女が目を覚ますと、彼の姿が見えない。波にさらわれたのではないかと心配になり、救助隊のところにいこうとした時、沖の方でオーイと声がした。見ると、Kが魚を突いたヤスを持ち上げて、振っていた。彼女は沖縄でもこれほど魚捕りの好きな男を見たことがない。

近々、この時西表島にいった連中と同窓会をやる予定だ。それぞれの人生の海を泳いできたかつての川ガキ、海ガキたちがどういう男になっているか楽しみである。

川下りを楽しむために

九州、鹿児島の川内川《せんだい》。テントの前でコーヒーを沸かし飲んでいると、上から一隻のカヌーが流れてきた。双方手を上げて挨拶を交わし、ちょっと寄っていけよ、と声を掛けた。

「丁度コーヒーをいれたところだ」

「嬉しいな。いただきます」

「どこからきたんだ」

「東京です。一度、九州の川を下ってみたかったんです。河口までいきます」

「それはいいね。ゆっくり時間をかけて下ると、この川は面白いよ」

話をしてみると青年が遊び道具を何も持っていないことがわかった。釣り竿一本持たず、ただ漕ぎ下るだけなのである。

「こんなきれいな川を下るのに、釣りをしない手はないよ。もったいない。君は釣りをしたことあるの」

「子供の頃、ブラックバス釣りをやりました」

「君もか。日本の子供はブラックバス釣りしか知らないんだよな。高いルアー竿と、一つ何千円もするルアーをいくつも買って。それでブラックバスを何匹か釣ったの？」

「いえ、一匹も釣れませんでした」

「ルアー釣りはかなり慣れないと難しいんだよ。それじゃあ、まだ君は釣りを好きになっていないね。君はぼくがこんなところにテントを張っている理由がわかるか」

「いえ、わかりません」

「この前は早い瀬になっていて、対岸に流れこむ支流がある。この一〇〇メートル下は深い淵だ。魚がたくさん集まっている。君に釣りを教えてやろう」

五・三メートルののべ竿に、足元の石を拾い上げて、そこについたチョロムシをハリにつけた。流れに投げこんで、それを青年に持たせた。

「ゆっくり竿を動かしてごらん。食いつけば、アタリがあるよ」

すぐに竿先がぐいと引きこまれ、青年がうわっと叫んで竿を上げた。二〇センチのウグイである。彼にとって人生初めての魚だ。それから一時間の内に、青年はウグイとオイカワを二〇匹ほど釣り上げた。足元に大きな池を作り魚をそこに放し、時々魚を掴みながらわれわれは話をした。

「釣るばかりじゃなく、漁をやるといいんだよ。セルビンを使って魚を捕るとか、川に潜ってヤスで突くとか、ハエナワを仕掛けるとか。罠で魚を捕るというのは面白いよ。来月くらいから、この川はとても水温が上がるから潜ってごらん。君は生きたアユが目の前を泳いでいくのを見たことがないだろう。美しいぞ。夕方になると魚が跳ねだすから、毛バリを振り回すといい。このあたりの釣具店では毛バリやヤスを売っているよ」

日が傾くと、川の瀬のあちこちで魚が跳ねだした。毛バリをつけた竿を持たせて、青年が膝の深さに入り、竿を振った。たちまち魚が掛かり、青年が喜びの声を上げる。

「毛バリがもつれないように、大きく頭上で振り回すんだ。掛かったら、ゆっくり引き上げろ」

オイカワの腹を押してフンを出し、唐揚げにした。それをつまみにビールを飲む。青年がいった。

「こんなツーリングはいいですね。ぼくは初めて魚を釣り、釣った魚を食べました」

「ぼくは四〇年近くこんなカヌーをやっているが、飽きないね。この川も五、六回目なんだが毎回面白い」

「昨日、川原にテントを張っていたら、土地の人がきて、家に連れていって風呂に入れてくれました。凄く感激しました」

「それはよかったな。いい人に二、三人会うと、その川がとても好きになる」

なるべくゆっくりと時間をかけて下るのがツーリングカヌーだ。できるだけ道草を食っていく。

▲四万十川で。この婆さんも若い頃は川舟を漕いでいた。彼女はこのあとすぐに亡くなった。合掌。

村の雑貨店に入り買い物をした。店番のお年寄りと話をしたが、純粋な薩摩弁をしゃべったので面白かった。ほとんどわからないのだ。ぼくがカヌーで川を下っているというと、見せてくれといった。カヌーを見ると老人は漕いでみたい、といった。漕がせると上手いものである。この世代の人たちは、小さい頃から川遊びをやり水には慣れている。それを見ていた婆さんが、私も乗りたいといった。川を一周して上陸すると、冥土のいい土産ができた、と鹿児島弁でいった。こういうお年寄りの方が、若い連中よりも水を怖がらないのを面白いと思った。

川内川は日本で最も南にあるカヌーで漕行できる川だ。北日本がまだ雪に埋もれている時期に、ここでは夏のような暑い陽光を浴びて川下りができる。南北に長く延びた日本の面白いところだ。

サラリーマン転覆隊、厳冬の吉野川に挑戦！　を見物する

ある十二月初旬の寒い日、「サラリーマン・転覆隊」の本田隊長から、吉野川の大歩危小歩危をやります、という連絡が入った。これは見ものである。

転覆隊は、大手広告代理店の社員が中心になって、過激な川下りをするので有名だ。

吉野川の上流は、川沿いに道がぴたりとくっついており、この川を下る人たちを崖の上からじっくり見ることができる。しかも、ここは日本一難所が多い激流だ。

転覆隊は以前、この名高い激流をラフトで下ったことがある。カヤックなら轟沈間違いなし、という荒瀬や大岩の連なる難所も、八人乗りのゴムボートは平気であった。岩に激突してもぽんと跳ね返すし、大きな波も八人の体重で押し潰し、彼らは何事もなく川下りを終わったのだった。

普通なら、ああ面白かった、とニコニコして帰るのだが、転覆隊はここからが違う。

「やっぱりカヤックで下って、轟沈してフネを折ったり、岩に張りつけられたりする方が面白い」

「転覆隊が転覆しないとは何事か！」

「ゴムボートじゃあ誰も悲惨な目に遭わんじゃないか。もっと転覆を！　もっと沈を！」

といった意見が続出した。

ラフトとカヤックでは性能や目的が全然違う。カヤックでは、小なりとはいえ自分がそのフネの船長で、自分の判断や技術を駆使して流れを漕ぎ下る。それが面白いのだ。大勢で漕ぐラフトは、判断はすべてガイドに任せ、七人のお客はいわれたとおりに漕ぐだけでいい。だから初心者や運動経験の少ない女性にも楽しめて人気があるのだが。

というわけで次の日、転覆隊は持参したファルトボートで吉野川の続きに挑み、それぞれ何度も沈し、放り出され、まっさかさまになり、吉野川に「参りました！」と謝ったのである。それから数年、国内外の激流を転覆してまわり、最近彼らは腕を上げあまり沈をしなくなったとぼくは思う。もっともっと転覆したい、という要求が隊員たちの間から続出し、隊長は、それじゃあもう一度吉野川で大いに転覆してもらおうじゃないか、と吉野川バトル（と彼らは呼ぶ）を決めたのだった。ちょうどその頃、日本を猛烈な寒波が包み、転覆隊向きの舞台ができた。

彼らが宿泊しているホテルに陣中見舞いにいく。ようよう、と懐かしい顔ぶれがあり、疲れてすでに寝こんでいる者もいる。新しいメンバーもいた。古参が先輩として新人に話をしている。

「この頃新しく入ってくる奴は、最初からパドリングジャケットとか、ばっちり道具を揃えてくるんだよな。俺たちが始めた頃はみんなジャージだぞ。雨具なんか持たんから、雨が降ったら黒いゴミ袋に穴を開けて、両手と首だけを出していた。二、三人が沈すると、本当にゴミが流れているみたいでな」

「今のような豪華な食事じゃなくて、持っていくのはパンだ。何回も水につかったアンパンをぎゅっと絞って、手形のついた奴を火であぶって乾かし、それを食っていたんだ」

翌朝、空はどんよりと不吉に曇り、寒かった。川原で着替え、カヤックを組み立てる。フネを見ると、どれも船体布はほとんどつぎはぎに覆われ、フレームは何カ所も折れた後、副え木を当てて直してあり、満身創痍、メーカーに見せたら、よくぞこんなになるまで使ってくださった、と感激するだろう。

ちらほらと雪が降ってきた。

「ひえー、寒いじゃんか」

といいながら、準備を進める。向こうの方で「それじゃあ俺のコカンに関わる!」という声がした。

「ははは、テッちゃん、股間じゃない。それは沽券《こけん》だろう」

▲厳冬期の吉野川を転覆隊が下る。全員壮絶な沈を繰り返したが誰も死ななかった。

江戸っ子テツの名語録がまた一つ増えたようだ。彼は小さいことにこだわらない人で、マンジュシャゲをオシャマンベといったりすることで知られている。定年退職して現在は金沢の某大学の教授である。

遺影のために記念写真を撮り、総勢一〇名が出発した。ぼくは車で先回りして難所が続く崖の上でニコニコして待った。他人の沈を見ることほど面白いものはない。

最初の瀬で早くも誰かが沈した。次の荒瀬で三艇が沈。一艇が川の真ん中にある岩に張りついた。そのフネを取りに、何人かが川を泳ぎ渡ろうとしたが、強く速い流れに流される。冷たい水の中で体が動かないのだ。フネでいこうとしたが、それも沈して流され二隻のフネが岩に重なった。ロープを持って川に飛びこみ、苦難の末にフネの先端に結び、引っ張って剥ぎ取った。

転覆隊が日本の川の横綱といっている吉野川に、彼らは寄り切られ、ゆりもどされ、はたきこまれ、あらゆる技で翻弄されたのである。後で送ってもらったビデオを見ると、折れたパドルを片手に「心も折れたっす」といっている場面があった。こうして、しんしんと降る雪の中を彼らは撤退していった。

転覆隊の歴史を見ると、こんなひどい目に遭った後は、必ず誰かがアートディレクター賞とかコピーライター賞などの大きな賞を取っている。だからこの年の彼らはいいことがあるはずである。

春の熊野路をいく　古座川ツーリング

和歌山・紀伊半島には水の澄んだ名川が多い。古座《こざ》川、日置《ひき》川、日高《ひだか》川などだ。小さいが一〇〜二〇キロはカヌーで下ることができ、水が美しく、テナガエビやアユなどうまい魚が多い川だ。ゆっくりと時間をかけて遊びながら下るツーリングには向いている。

二〇〇八年のゴールデンウイークに五〇年来の艇友・川崎文雄のグループと古座川にいった。昔、この川は何度か下ったが、最近はご無沙汰していた。というのは、アユ釣りのシーズンになると、漁業組合がとてもうるさかったからである。

その古座川が最近変わった。串本町役場の観光課の若い連中が乗りだして、アユ釣りは上流、カヌーは下流という風に分けたのだ。これは日本では初めてのことで、各地の川で真似をすれば夏のツーリングカヌーが楽しめる川が増える。

現在、日本では六月一日のアユの解禁以降は川下りができない。夏、ツーリングができる川といえば、アユ釣りの少ない北海道の川か、アユ釣り師のいない四万十川中流（江川崎以下）か、川幅が広く激流が多いので、釣り師との衝突が少ない球磨《くま》川（熊本県）か、漁業組合のない北上川（岩手県内）くらいのものだ。北海道はアユ釣りがほとんどないので、夏、長い休暇が取れる人はいくといい。釧路川《くしろ》、十勝川、水質日本一の歴舟川《れきふね》などがある。少し水が濁っているが、日本で一番長い漕行距離（約一五〇キロ）が取れる天塩川《てしお》もある。

串本町のもう一つの興味ある試みは、町の観光課で始めたレンタカヌーだ。古座川にきた人にカヌーを貸すのである。古座駅の隣にある艇庫には数十隻のカヌーがある。駅に降り立ったお客がカヌーの利用を申し出ると、係員がパドルとライフジャケットとカヌーを貸してくれる。

カヌーで問題なのは出発点までいって、車に積んだカヌーを下ろし、カヌーを漕ぎ終わったらまた出発点まで車を取りにいかねばならないことだ。タクシーを使うとこの問題が解決する。駅のすぐそばまでカヌーを漕いでくるので、漕ぎ終わったカヌーの返却は問題ない。十六年前に始めて一艇二五〇〇円という安さと川の美しさで人気が出て、二〇一五年度のレンタカヌーの利用客は約三二〇〇人。手ぶらできて、きれいな川を散歩感覚で下る人が増えたのである。

今回、川崎のグループは七〇代の初心者の女性も含めた十四名だ。中流の「一枚岩」の広い川原にテントを張った。高さ一〇〇メートル、長さ五〇〇メートルの一枚岩が水際にそそり立っている。一時間ほど川崎が初心者にカヌーの手ほどきをして出発した。古座川は前日の大雨にもかかわらず、濁りがなかった。川の周りの山がしっかりしているのだ。ウグイスの鳴き声がこだまする谷間の川を下っていく。

爽快。

▲串本名物のカヌータクシー。運転手が慣れた手つきでカヌーを運ぶ。

山は桜が終わり、藤の花がつぼみをふくらませていた。あと一週間もすれば山の新緑が一斉に爆発するように開花する、そんな楽しい予感が空中に満ちていた。

新しく飼ったボーダーコリーのハナは生後六カ月で初カヌーだ。カヌー犬として一人前になった三歳のアレックスは前部デッキに立って川風を受け、機嫌よくワン、ワンと吠えた。荒瀬に入るとハナは波と瀬音に驚き、首だけ出して白波を見ている。

三時間漕いでフネを川岸に置き、キャンプ地に戻った。夕方、川原で焚き火をした。山の空気が冷えてきて、火が心地よい。ジャガイモや魚を焼き、酒を飲んでいると、串本町役場の人たちがクジラの肉を持って遊びにきた。日本有数の捕鯨基地・太地はすぐ近くなのだ。

「ここはいいところですよ。雑木林が多いので山遊びができます。四十数種類の山菜が採れるんです。時々、山菜パーティーをやるんだけど、天ぷらにすればほとんどのものが食べられますね」

「何が一番うまいですか?」

「カキの新葉です。一度試してごらんなさい。この川は海に出て沖の無人島まで漕ぐのも面白いですよ。今度くる時はシュノーケルを持ってきて、海底を見てください。珊瑚礁や熱帯魚が多い。ここは海、山、川で楽しめるところです」

自分の住む土地を本当に好きな人が数人いれば、その町は栄える。

二日目。霧の立ちこめる川で顔を洗い、朝食。前日の上陸地点から出発した。川岸に村の人が何人か出てイタドリの新芽を摘んでいた。サラダや塩漬けにして食べるのだ。

そこにタクシーがやってきた。屋根に二隻のカヌーを積んでいる。若いカップルが降りてきて、運転手とカヌーを水際に運んだ。二人はジーンズに革靴の格好で、カヌーは初めてだといい、ぎこちない手つきでライフジャケットを着けている。

「がんばりまーす」

といって、二人はふらふらと漕ぎ出していった。そこから先はひどい瀬はないから、初心者でも大丈夫だろう。

泳ぐには水が冷たいので、釣り竿を出すとすぐにオイカワが釣れた。魚の多い川である。前の日からずっと古座川の自然に感動していた一人が、「俺、ここに移住しようかな」といった。久しぶりにきれいな川で漕ぎ、心身共に洗われる思いだ。

今度は夏にこよう、と思った。

少年が川人間になった日

札幌在住の友人とその一家六人と一緒に尻別川《しりべつ》にいった。

蘭越《らんこし》の山奥にある廃校を訪れる。ここで二人の男が家具作りをしている。それぞれサラリーマンを経験した後、職業訓練所で木工を学び、ある家具会社に就職し、そこで会った二人が独立して、廃校を利用して「湯ノ里デスク」という名の家具工房を始めた。机やイス、それに読書インテリアと呼ぶブックエンドや、書斎を飾る各種のフレームが彼らの生産アイテムだ。

二人には家族があり子供が計五人いて、学校の横にある旧教員宿舎に住んでいる。工房は体育館が作業室で、三つの教室が作品の展示場だ。

尻別川沿いの昆布温泉のホテルに泊まった時、部屋にあった机がとても使い勝手がよく、シンプルなデザインで感心した。ホテルに聞いたところ、その制作者が近くにいると教えられ訪ねたのが、彼らと知り合うきっかけだった。

ここの両家の五人の子供たちが、ぼくの目から見れば理想的な少年少女時代を送っていた。山中にある小学校の広い校庭や校舎は彼らのもので走り回っていいし、仲間が五人もいるから少しも寂しくない。彼らの後ろをいつも一匹の犬が尻尾を振りながらついていく。

その夜、校庭に大型のテントを張り、七輪で肉や魚を焼いてバーベキューをした。子供たちはテントで寝、大人は教室に分散して体育用マットを敷いて寝た。

北海道の夏は朝四時には明るくなる。まったく湿気がない爽やかな朝の空気の中で本を読んでいると、子供たちが次々に起きてきた。テントの中でトランプの七並べをした。

札幌の子供たちが、今日はカヌーで川遊びにいくんだ、といったので、蘭越の子供たちに動揺が起きた。まだ夏休み前だ。湯ノ里デスクの子供たちがいかないと全校生徒の一割が休むことになる。両家の親たちが頭を寄せて相談し、今日は学校を休ませます、といった。スクールバスがきて誰も乗せ

ずに去っていった。子供たちは、

「ヤッターッ！　バンザーイ！」

と飛び上がって叫んだ。

アルフェックやインフレータブルカヌーに子供を山盛りに乗せて下る。ゆっくりと後方に飛んでいく川岸の風景は子供には珍しいものだった。

「あの藪の中に突っこんで！」

「あそこの急流をいきたい！」

一隻のインフレータブルカヌーの空気が漏れ、少しずつ沈んでいった。波がくるとざぶりと水が入る。漕ぎ手の大人が慌てずフネを岸に着けて、口で空気を入れた。

広い浅瀬の前の川原に着けて上陸。ここで昼食をとる。

九人の子供と三匹の犬は歓声と喜びの鳴き声を上げて川に飛びこんだ。ライフジャケットを着けて、空を見ながら川をプカプカと流れていく子。犬を前に乗せてカヌーを漕ぐ子。水鉄砲で撃ち合いをする子。水風船を作って投げ合う。相手の体に当たると風船が破裂し、水が盛大に飛び散る。水のかけあいというのは子供には痛快なものだ。現在の日本人は恐水病にかかっており、水に濡れるのを異常に嫌がり、子供たちに水遊びをさせない。

ぼくが子供の頃、夏になると、当時はビニール製品はなかったので水を紙袋に入れて投げつけたり、竹で大きな水鉄砲を作り、周りの人間をびしょ濡れにさせるのが最も愉快な遊びだった。

二人の男の子はこの日、魚を捕ることに目覚めた。セルビンに寄せ餌を入れ、川底に沈める。一度目は一匹も入らなかった。二度目に沈めたセルビンには小さなウグイが数匹入った。シュウヘイが自分で納得のいく場所に沈めたのだ。その直前に彼とこんな会話をした。

「どうして魚が入らなかったの?」

「魚を捕るというのはね、魚との知恵比べなんだよ。いかに魚をだますか、だ。さっきシュウヘイがつけていたセルビンは浅いところだったろう。岸からもセルビンが見えたぞ。ということは、魚からも人間が見えたんだ。波が立っているところでは魚が見えない、向こうからも人間が見えない。だから早瀬では魚がよく釣れる。波のないところでは深い場所に沈めるといいよ」

その後、シュウヘイはカヌーを漕いで川のあちこちを見て回っていた。彼は魚を捕るための道具としてカヌーを使った。そして頭と体を使って魚を捕った。

「魚を捕るって面白いね」

と少年は深い気持ちをこめていった。

彼の目の下に魚のウロコがついていた。目からウロコが落ち、シュウヘイはこうして川人間になった。

釧路川ふたたび

二〇一一年の夏、釧路川のアウトフィッター「NECC（ノース・イースト・カヌー・センター）」が創立二〇周年というので、記念のパーティーに顔を出した。

今でこそ国内のほとんどの川にアウトフィッターがいるが、二十数年前にはそういうものは四万十川に一つあるだけだった。ぼくのデビュー作『日本の川を旅する』という本の中で釧路川の旅を書いたのが約三十五年前だ。その当時、釧路川を下るのは大学の探険部以外はいなかった。この川は探険の対象になる川だったのだ。

特に出発点の屈斜路湖《くっしゃろこ》から弟子屈《てしかが》に至るまでの三〇キロ（今は直線工事により二〇キロ）の水路は絶えず小さく蛇行し、数十の沼を通っていた。屈斜路湖底に湧出する強酸性の温泉が湖の魚を全滅させ、沼の周辺には真っ白くなって立ち枯れた大きな木が墓標のようにあちこちにあり、怪獣が出てきてもおかしくないほど気味の悪い、又は神秘的な風景があった。流れが速く幅五〜一〇メートルの川の上流部には倒木や沈木が多く、これに引っ掛かるとフネが木の下に吸いこまれて潜りこみ、この川をいくのは確かに冒険だった。そんな釧路川が気に入り、年に二、三度は下っていたものだ。

その頃から出始めたアウトドア雑誌にこの川を下る面白さを何回か書き、テレビで釧路川下りの番組を何本かやると、この川にくる人が多くなった。現在は日本中の川地図があり、現地にいく前から川の情報を入手できるが、当時は何もなかった。しかし、遊びはある程度の危険があった方が面白い。一度この川にきたパドラーは北海道の自然に驚嘆し、人間のいない原野の風景に感動した。現在と違って当時のパドラーはカヌーに慣れてないから、そのほとんどが沈をした。内地の川と違って、岸に上がっても人家があるわけではない。カヌーや荷物を流され、ほうほうの体で岸に上がり、最寄りの農家に助けを求める人が多かった。

途中にある弟子屈の町では、上流から人のいないカヌーが流れてくるので、人々は事故ではないかと心配し、捜索隊を出したりした。フネやキャンプ道具をみんな流して、ずぶ濡れの姿のままやってくる人たちの世話をしているうちに、そういうことをてきぱきとこなす人たちが出てきた。川の中から荷物を拾い上げてやり、壊れたカヌーを回収して修理し、遠くの家に送り届けたりした。そして川下りは商売になると考える人が現れた。こうして釧路川に最初のカヌー業者ができた。これが現在のNECCだ。オーナーの平塚がいう。

「あの頃はひと夏で何十パイもカヌーが放置されて、下流ではずいぶんいろんな物を拾いましたよ。冬前の減水期になると川の浅瀬に様々な物が落ちていて、キャンプ道具一式を揃えた人もいます。当時は年間二〇パイくらいカヌーを拾ったな。若い人は品物に執着がないから、沈すると全部捨てて帰るんですね」

たちまち釧路川はカヌーで混雑する川になった。ある年、この川にきてあまりのカヌーの多さに驚

▲U子は北海道に来てサケ釣りの名人になった。

いたことがある。日本のパドラーにいきたい川の人気投票をすると、一位が四万十川、二位が釧路川となっている。以前は一位が長良川だったのだが、河口堰ができて下流部の水が腐り、魚も少なくなって人気が落ちた。

親しい仲間二十数人と出発点の屈斜路湖畔でパーティーをした。湖畔にいくつかある露天風呂に入ってビールを飲んだ。

オフシーズンの屈斜路湖は静まり返っていた。

川が始まる手前の湖面で、釣り師が二人マスを釣っている。一〇年ほど前から地殻変動があり、温泉水の噴出が減り、魚が釣れるようになっている。

釧路川に入ると、川の両岸に広がる樹木も草もぼくには好ましかった。津軽海峡を越えると植生が変わるのだ。西日本の人間には草一本も珍しい。自然に関していえば北海道は日本語の通じる外国だ。

ぼくはカナディアンの前部座席に乗り、時々、後ろの人にすべて任せて寝そべった。ビールを飲んでハーモニカを吹き、フネの上から毛バリを振った。ほどよい瀬のところではヤマメやニジマスが掛かった。

ぼくの横にインフレータブルの小さなカヌーに乗ったU子がきて、フネを並べた。彼女は徳島出身で、ぼくの家によく家出してきて川で遊んでいた。この春北海道の大学に入り、川下りと釣り三昧の青春を送っている。北国の川の冒険談を楽しそうにするU子を見ながら、ぼくの世代はこの子たちにいい川を一本も残してやれなかったな、と思った。後世の日本人は、海山川を壊す官僚の暴挙を止められなかった昭和、平成の日本人を責め、軽蔑するに違いない。軍部の暴走を止められず、太平洋戦争を起こした大人たちを軽蔑した戦後の日本の青年たちのように。

国を亡ぼすもの。昔陸軍、今国交省。この言葉は現在でも変わっていない。

長良川はその後どうなっているか

長良川にいった。

一九八九年に全国規模の反対運動が起き、ぼくもその運動に参加した。その時、日本の国民は国交省という河川の監督官庁がいかに腐敗し、土建業者と癒着し、不要なダムを無駄に造り、業界に恩を売って、定年退職後、土建業界に天下りをするという確固たるシステムが存在していることに驚いたのである。一九九四年に長良川の河口堰は完成した。流れる水が澱むとたちまち川の水が腐り、ヘドロがたまり、反対派が川が死ぬと危惧したとおり、長良川は水が腐り、堰堤下の川に生息するシジミは絶滅した。

河口堰ができるまでは、流域の人々は毎日川に入ってシジミを採り、おかずにしていた。

それから二〇年、大きな闘争のあとに残った毒々しいキノコのような堰が見える。

一緒に二〇年闘ったAさんがいった。

「家の外に出ると、この堰が目に入るんだよ。一日何度も口惜しい思いをする。健康に悪いよ」

二〇一一年に河口堰の水門を開けろという大きな運動が起きたが、国交省は断固としてそれを拒絶した。水門を開けて川がきれいになると困るのだ。

長良川の説明をすると、日本の真ん中のかなり人口の多い地域を流れる川にしては、とても水がきれいで、魚の多い川だった。潜ってみて、あれほどアユの多い川は少なかった。アマゴの降海型のサツキマスや、その他の雑魚も多かった。人々はこの川で魚を捕ることによって、収入の何分の一かを得、潤っていた。

知り合いの川漁師の話。

「雑魚がおらんようになってな」

アユ以外にも雑魚を網で捕って、商売にしていた人も多い。流域の人々は魚をよく食べるので、どんな川魚でも商売になったのだ。

ある場所で川に潜ってみた。水中メガネを通して見る川底には、本当に数匹の魚しか見えなかった。これまで、長良川に潜ると数百、数千匹の魚が見えたものだ。

「上流と下流に魚が通れないような人工物をたくさん作ったんだ。魚がいなくなるはずだよ」

と人々はいう。

この年の解禁日に捕ったというアユを食べたが、十二、三センチの生臭いアユだった。長良川の天

▲長良川河口堰。無用な公共事業の最たるものだ。日々、川を濁らせて魚類を殺している。

▲長良川ではアマゴが海へ下り、こんな美しいサツキマスになって上ってくる。（撮影:渡辺正和）

然遡上のアユは壊滅したのである。

河口堰をじっくりと見た。堰上の人造湖にはボートコースが作られていた。国交省は河口堰の水門を開けさせないために、堰の上流の水面にボートコースという恒久的施設を作ったのである。そして、ここで二〇〇五年にボートの世界選手権を開催した。長良川はボートコースとして皆さんのお役に立っております、と宣伝したかったのである。

しかし、このボートコースも大失敗だった。流れがあるので、ここのコースの記録は国際レースとしては認められなかった。ここで今やっている競技は全国の中学生ボート大会と市民レガッタだけだ。長良川河口堰はまったく何の役にも立たない、しかも年間何百億というお金を食う、無駄な公共施設の代表である。

「長良川河口堰建設に反対する会」のTさんに会った。まだ細々と反対する会は続けられていて、毎年九月には子供を集めて魚捕りを教えている。

ぼくは四国・吉野川で「川の学校」（別名「川ガキ養成講座」）をやっている。そこではとにかく子供たちを川に放りこみ、徹底的に遊ばせ、魚を捕らせる。川に飛びこみ、魚を追いかけ、ヤスで突いたり、手で掴んだりさせる。捕った魚はナイフでさばき、料理する。川人間を育てるのだ。しばらくすると、子供たちは魚を見るとうまそうだといいだす。

吉野川の「川の学校」がテレビや雑誌などで広く紹介されたので、各地で同じような川遊び教室ができた。しかし、それもピンからキリまであって、先日、関東のあるところでやった川遊び教室では、スタッフの大人たちが水に不慣れで、みんな魚捕りがとても下手であった。当然、そこにくる子供たちも魚は捕れない。子供に潜りや魚捕りを教えると、すぐにそれができるようになり、上手くなる。しかし、大人にそれを教えても、ほとんどがダメだ。

「小学生の子供が潜っているのに、なぜ大人の君が潜れないんだ?」

と訊くと、水に潜るのが怖いんです、という。

こういったことは子供の頃からやらないと体が覚えないのであろう。

関東の川遊び講座で、一人の中学生の参加者が支流の淵に潜り、三、四〇センチのニジマスを五匹突いてきた。ヤスは釣り具屋で売っている安物で、三九〇円の値札がついていた。よく見ると、彼は徳島の「川の学校」を四年前に卒業した中学生で、「お久しぶりです」とぼくにいい、「何だ、君か」と再会を喜んだ。

川遊びを知らずに育った大人は、魚に触るのを嫌がり、泳ぎや潜りができず、水を怖がる。

これほど海が身近にあり、多くの川を持つ国も世界に珍しい。そしてこれほど親水性のない、格好悪い大人が多い国も稀だ。

諸君、もう少し水辺のアウトドアに習熟して、海や川にもっと入り、楽しもうではないか。

夏のカヌーは川より海で

毎年六月になるとアユ釣りが始まるので、日本の夏の川のツーリングは難しくなる。大都市に近い川などは釣り竿が川の両側から数十本も伸びていて、その中をカヌーでいくのはケンカをしにいくようなものだ。川は釣り師だけのものではないが、釣り師が多いとわかっている川にカヌーを乗り入れるのは遠慮した方がいい。

昨年の夏はシーカヤックをやることが多かった。ぼくの住んでいる徳島の太平洋の海は水がきれいだ。隣県高知の室戸岬あたりまでリアス式海岸の断崖絶壁が多く、海からの眺めは素晴らしい。高い絶壁を見上げながら奇岩怪石の間をぬってカヌーを漕ぐのは、川と違った面白さがある。

時々大きな波がドカンとくるので油断できない。川ではいつもビールを飲んで、だらしなく下っているが、海では常に緊張していなければならない。川に比べると海の自然は何倍も強大で、とてもたちうちできない。ぼくは川人間だ。川ではどんな激流もなんとかなり、深い淵に潜って、そこの魚を手掴みで捕ることもできる。川ではぼくはなんとなく威張っているが、海ではただひたすら驚嘆し、恐れ入っている。川はあまり漕がなくても、どんどん流れがフネを運んでくれるが、海は五キロの距離は真面目に五キロきちんと漕がなければならない。それが唯一の欠点だ。

波はなくとも海面はいつも一メートルほど上下していて、時々ふいに岩が現れ、船底をこする。海面から突きでた小さな島に穴が穿《うが》たれ、トンネルを作っている。その中にカヌーを入れる。暗い洞窟の中に外から差しこんだ光の束が海底を照らし、青い竜宮城が浮かび上がった。光の中に大小様々な魚が群れ泳ぎ、幻想的な海底の光景に見惚れる。トンネルを抜けると大きな波がきて、夢から覚める。

白い砂浜を持つ入江を見つけた。浜の背後は高さ五〇メートルの絶壁になっており、そこはカヌーでしかいけない場所だ。崖の上から小さな滝が流れ落ちている。ぼくの前に乗った犬がたまらず海に飛びこみ、泳いで岸に向かった。無人の砂浜というのはなにか人の心をかき立てるものがある。犬たちが滝の下にいき、水を飲んだ。きれいな水で、この地区には人家がないので、安心してその水を飲む。水苔と枯葉の淡い匂いが混じった清冽な真水だ。

みんなで海に飛びこみ、岩の多い浅瀬をシュノーケリングした。温かい水の中に極色彩の小魚が泳ぎ、海藻が揺れていた。水際に延びた岸壁のすそにカメノテがびっしりとついている。カメノテとは、ミョウガガイ科の、カメの手そっくりの形をした甲殻類だ。これをナイフでこそぎ取る。

少し深いところに魚が群れていたので、リール竿を持って泳いでいき、水中メガネで海底を見ながら水面からエサのついたハリを落とした。すぐに魚が飛びつくのが見え、リールを巻くと三〇センチのイサキが上がってきた。ハリからはずして腰の網袋に入れ、またハリを海底に下ろす。魚を見ながら釣る「見釣り」はとても面白く、一日やっても飽きない。

漕ぐだけではなく、もう一つなにか遊びを加えるとカヌーがより面白くなる。ぼくの場合は釣り、潜りだ。友人の一人にカヌーで人気のないところにいき、そこで横になって本を読むのがなにより好きだという人がいる。彼は高度に抽象的な読書の時間を持つためにカヌーを漕ぐのだ。いろいろなカヌーがあってもいいと思う。俺はいい酒を飲み、気持ちよく酔っぱらうためにカヌーを漕ぐのだ、という人がいてもいい。

夕方、カメノテをゆでて、それをつまみにし、ビールを飲んだ。絶妙な酒の肴である。海水でご飯を炊いた。これは米をとぐ時だけ海水を使い、最後に真水を入れるのがコツだ。薄い塩味のきいた、いい味になる。米が沸騰したところで釣った魚を乗せ、炊き込みご飯にする。この日の夕食は次のようなメニューだった。イサキの炊きこみご飯、カメノテの味噌汁、ブダイ、イサキ、タコの刺身、それからタコ焼き。

ユーコンの猟師がきた

カナダのユーコンから、ポール・デ・ルイター（五十四歳）がきた。前年の秋からフィリピンにいき、日本が暖かくなる三月を待ってやってきたのである。ユーコンでは五月まで雪の中でやることがない。

屋根裏部屋に泊め、軽トラックを一台与えて、勝手にしてくれ、といった。腹が減ったら冷蔵庫から適当に食べ物を取り出し、自分でコーヒーを入れ、ビールや焼酎を勝手に飲め、といった。これだとお互いに拘束されずに自由に生活できる。カナダは右側通行なので時々反対の車線を走っていたが、すぐに慣れ、やがて徳島の田舎をあちこちと探索していた。

日一日と暖かくなり、桜が咲き、田畑も山も日ごとに緑が濃くなっていく。その様をじっと見ていた。彼を連れて裏山の竹林にタケノコを掘りにいく。イノシシがきて掘った跡もある。イノシシのぬた場やシカの糞を見て、興味深そうにその跡を調べていた。彼はユーコンでは腕のいい猟師で、夏の間、カヌーのリバーガイドや、クマやムースのハンティングガイドもやって生活している。

水のぬるんだ日和佐川にいって魚をすくった。一〇センチくらいのカワムツを数十匹捕った。

「俺は向こうではサーモンやトラウトばかりだけど、こんな小魚を捕るのも面白いな」

五月に帰ったらユーコンの支流の細い流れにいって、産卵に上ってきたホワイトフィッシュを弓で射るという。五〇センチくらいの大きな魚で、まあまあの味だ。

ポールが以前送ってくれたクマの皮は体長一八〇センチのかなり大きなもので、彼はそれを弓で射ったのだった。最近向こうでは、高性能のライフルで、三、四〇〇メートルの距離から獲物を撃つのを潔しとせず、弓と矢で動物を射るのがはやっている。これだと十五メートルくらいまで近づかねばならないし、猟師としてのあらゆる知恵、体力が要求される。ぼくに送ったクロクマは一〇メートルの距離から撃ったものだ。

ポールはいうのだ。フィリピンで三カ月過ごした後に日本を見ると、日本の町はとてもクリーンで驚かされる。しかし、どこもここもコンクリートばかりだ。カナダだったら木で柵をするところも、こちらではすべてセメントの塀だ。日本の山にいくと間伐材が切ったまま捨ててあるけれど、あれを使えばいいじゃないか。山の傾斜は全部セメントで埋めている。カナダでは木を植える。その方が時間はかかるが効果的だ。

日本に比べればフィリピンはひどい国だ。政府は腐敗しきって、人々は極貧の中で動物のように暮らしている。しかしあそこでは、国民はいつも笑い、歌を歌って楽しそうだ。日本人は疲れた顔をしているが、あの差は何だろうか。

「日本は金持ちの国だけど、人々はハッピーではないな」

ポールは毎朝、犬のアレックスを連れて何時間か散歩に出ていた。

「日本人はみんな犬を怖がるね。犬が尻尾を振って寄っていっても大人も子供もみんな怖がって逃げる」

「生きてるものに触ったことがないんだよ」

「そしてこんなコンクリートの中に生活するのか?」

「だから、その一方でアウトドアライフが盛んなんだ」

ポールは家の近くを通るお遍路さんを見て楽しんでいた。

京都や奈良に連れていった時、一四〇〇年前のものだ、などというと、驚いているのが面白い。

▲ユーコンのハンター、ポールと魚をすくった。

ユーコンでは古いものでせいぜいゴールドラッシュが始まった一二〇年前だ。

ポールが日本で一番楽しんだのは、味噌汁である。二〇年前からぼくが彼に箸の使い方をきちんと教えていたので、普通の日本人よりは箸の使い方は上手い。一日、隣村の伊座利《いざり》の漁師の家に招待され、泊まってきた。早朝五時起きで定置網の魚を揚げに連れていかれた。若い漁師たちがてきぱきと動き、捕れた魚を生けすに入れ、冷凍保存したりするのを興味深く見ていた。彼が一番感心したのは、海の男たちが作る魚料理だった。彼は白人にしては珍しく魚が好きで、漁村の料理を心から楽しんだようである。

「うまいね。魚があんなに美味しいとは思わなかった」

ユーコンに帰ると、クマ撃ちのシーズンになる。アメリカの金持ちが数組クマ撃ちにくるので、そのガイドをやることになっている。たくさんお金を稼いでまたくるよ、とユーコンへ帰っていった。

朋《とも》あり　遠方より来たる　また楽しからずや

正月に懐かしい顔ぶれが集まった。ファルトボートの巨星、服部幹雄と川崎文雄が家族と犬を連れてぼくの家にやってきたのだ。二人の犬は共に故ガクの息子で十一歳と十二歳のオス、名前もガオとガヌーである。ファルトボートとは、いうまでもなくフォールディングカヤックのドイツ語だ。ベルリンオリンピック（一九三六年）の時に、京大教授の高木公三郎氏がドイツから持ち帰ったのが日本の折りたたみ式カヤックの始まりだ。現在ではフォールディングカヤックと呼んでいるが、ぼくの世代ではファルトボートといった方がしっくりくる。

四十五年前、ぼくは初めてファルトボートを買った。当時「東京ファルトボートクラブ」と「横浜ファルトボートクラブ」の二つのクラブがあって、多摩川、相模川、荒川上流で毎週末漕いでいた。新参のぼくにファルトボートの組み立て方やたたみ方を親切に教えてくれたのが、この二人である。月に二度、渋谷の喫茶店でクラブの会合があり、それぞれ自分が下った川の話をした。ここでぼくは川の情報を手に入れた。現在では全国のリバーツーリングの川地図の本があり、事前にその川のことがすべてわかる。しかし当時は、遠くの川のことはさっぱり情報がなく、自分で直接手探りで下るしかなかった。矢野哲治、斎藤康一両氏による『日本の川地図１０１』（小学館）ができたのが一九九一年だ。

みんな勤め人で、月曜から土曜まで働き（当時、土曜日は半ドンだった）、会社が終わると走って川に駆けつけ、川で夜を過ごし、日曜日に思い切り遊んだ。週末に雨が降って遊べないと、次の一週間は欲求不満で爆発しそうになって体が震えた。前述の首都圏の川に物足りなくなると、那珂《なか》川（栃木・茨城）までいっていた。当時の那珂川は「清流」という言葉がぴったりのきれいな川で、ここのツーリングは心身が洗われるようだった。

ツーリングにはキャンプ道具、釣りや潜りの道具も持っていく。その当時の写真を見ると、標準の収納バッグより一回り大きなキャンバスバッグに諸々の荷物を詰めこみ、担いで歩いている。キャンバス地を扱う専門店に頼んで大型のカヌーバッグを作ってもらっていたのだ。

移動にはすべて公共交通機関、つまり電車とバスを使った。川を下った後は最寄りの駅まで歩き、荷物は「チッキ（鉄道小荷物便）」で自宅まで送り、身軽になって帰った。『日本の川を旅する』の時も、川への往復は電車を使っている。

服部は公務員、川崎は鈑金工場のオーナーで、土日だけカヌーをするという生活だった。その後、川崎はうまくいっていた鈑金工場を閉め、カヌー専門店を始めた。

服部が結婚し女の子が生まれ、生後三カ月になった時、川のキャンプに抱きかかえて連れてきた。赤ん坊の首がまだぐらぐらしていたので、頭を手でしっかり掴んで歩いていたのを思い出す。

服部、川崎の生涯は日本のファルトボートの歴史といっていい。日本のファルトボートの主なレースは江戸川大会、長野県の全日本大会、天竜川大会だ。ある時、このレースの小冊子を見て笑ったことがある。これらの大会で服部、川崎はほとんど一位二位を占めているのである。数えてみると、例えば長野の全日本では、服部、川崎はそれぞれ五年連続優勝しており、服部がこれまで十二回、川崎が八回優勝、といった具合だ。二位が服部、川崎それぞれ六回。天竜川の大会では服部が十四回、川崎が一〇回の優勝となっている。

数年前の長野の大会（服部が優勝）では、主催者がこういった。

「伝説の服部、川崎に負けないように、若い人も頑張ってください」

この時、二人共に六十五歳だった。

「昔はカヌーが通っても釣り師は文句をいわなかったね」

「日本人の人情が変わったんだよ。今のようにとげとげしくなかった」

「考えてみると、俺たちのファルトボートには手モリや投網がいつも入っていたな。魚をよく捕った」

「熊野川を下った時、野田さんが淵に潜ってフナを次から次に手で掴んで上がってきたのには驚いた」

「俺がカヌーを気に入っているのは、魚がいるポイントに簡単に近づけるからだよ」

「川原でキャンプをする時、深みにハエナワをしてナマズやウナギを捕って食べたな」

「千曲川の支流でヤマメをたくさん釣って……」

こんな話をしだすと四〇年前に戻り、尽きることがない。いつかこの三人で、日本のツーリングカヌー創世紀の話を本にまとめるつもりだ。

音楽家が遊びにくると……

東京からテナーサックス、トランペットとフレンチホルンの三人のミュージシャンが遊びにきた。

田舎住まいがいいのは、お客のもてなしに苦労しないことだ。さっそく、川に遊びにいった。

軽い二人用のフォールディングカヤックを持っていく。初めてカヌーに乗るYさんが水の上をすべる感覚が面白いらしく、いったりきたりしている。ぼくは彼に何一つ教えなかったが、Yさんは沈もせず上手に漕いだ。

「そのフネにキャンプ道具と食料、酒を積んで川をどんどん下り、何日も旅行するんだ。魚を釣ったり、泳いだり、潜ったりしてね」

「いいなあ」

「朝起きたら川で顔を洗って、夏は泳いで体も洗って、一日漕いで夕方になったら川原でテントを張る。そこでメシを作り、焚き火をして酒を飲む。いい酒だよ」

「いいなあ」

「今度、四万十川にいこう。夏だったら北海道の川もいい。川原で一度、トランペットの『赤とんぼ』や『夕やけこやけ』を聴きたいな。以前、ユーコン川を下った時、カナディアンカヌーにチェロを積んで下っているカナダ人の青年がいてね、夜、焚き火の前でバッハを弾いてくれた」

「いいなあ」

「出発して岸を離れると、それで俗世間との縁が切れる。その時の解放感、杜絶感がいい。それで娑婆とは連絡が取れなくなるからね、いい気分だよ。もっとも最近は、カヌーの上まで携帯を持ってきている奴がいるけど」

「いいなあ」

何をいってもYさんは陶然としている。

犬のアレックスがしばらくいないと思ったら、やがて向こうの畦道を得意顔で帰ってきた。その後ろから村の移住ではぼくの先輩格の絵本作家、梅田俊作さんが網を肩に担ぎ、バケツを提げてきた。

「いやぁ、アレックスが迎えにきたんでね。二回もこられたんじゃ仕事なんかしておれないよ。こっちもいかないと悪いと思ってさ」

仕事で忙しいだろうとぼくは声を掛けるのを遠慮していたのだ。

減水した川の水溜まりに入り、梅田さんがカワムツとドンコを捕った。これを水槽に飼って魚の顔を眺めると面白い、と彼はいう。

別の一人がカゴ釣りをした。小さなカゴの中に匂いの強い寄せ餌を詰めて、その上に七、八本のハリをつけ、水中でカゴを上下させると、匂いに寄ってきた魚がハリに食いつくのだ。やがて竿先がぶるぶると震え、一度に三匹のカワムツが掛かって上がってきた。これは最もずぼらでイージーな釣りである。

釣った雑魚を一〇匹ずつ網袋に入れ、カニカゴの餌にした。カヌーにカゴを積み、岸からは近寄れない淵に放りこむ。

夕方帰る時に引き上げると、一つのカゴに五、六匹ずつモクズガニが入っていた。どれも拳大の甲羅を持つ大きなものである。東京では上海ガニとしてレストランで一匹何千円かで出ているそうだ。

これはゆでて食べる他に、潰してスープにするといい味が出る。ゆでたものの甲羅をはいで熱い日本酒や焼酎を注ぎ、カニ酒にするのもいい。このカニは夏から捕れ始めるが、秋の川岸に真っ赤な彼岸花が咲く頃になると、身が詰まり脂が乗ってさらに美味しくなる。

夜、満月の下で演奏会をした。

庭で火を起こし、梅田さんが持ってきたテナガエビを焼き、イノシシ汁を作った。

素人のわれわれのために、彼らはやさしいポピュラーな曲を演奏してくれた。普段何気なく聞き流している映画「道」や「ロミオとジュリエット」、「太陽がいっぱい」などの主題曲をプロが間近で奏でると、しみじみといいものであった。大きな音を嫌う犬もこの夜の音は心地よいらしく、頭を音の方に向けて目を閉じている。これほど人に感銘を与える音楽家という職業はいいものだ。

三人の内の二人は、ぼくが昔、高校で教師をやっていた頃の教え子だ。彼らをキャンプに連れていくと、リコーダーや笛を持ってきて、いつも野の道を歩きながらきれいな曲を吹いていた。

この二人が高校時代、青春を謳歌しているのを見て、同僚の教師の一人が熱心に忠告していたものだ。

「君ね、今はそんなに面白おかしく過ごしているけど、このままでは将来きっと不幸になるよ。もっと勉強して大学に入りなさい」

この人もまったく要らぬお節介をしたものだ。善意に満ちていたが、ありがた迷惑な教師だった。

二人は大学にいかず独学で音楽を勉強し、今は立派なプロでいい仕事をしている。

三匹の犬たち

Tが友人を連れて日和佐に遊びにきた。

Tとは数年前にユーコン川で出会った青年だ。毎年夏になると、世界中から何かを求めて大勢の人がユーコン川にくる。

ある日、ホワイトホースの貸しカヌー屋にいくと、一人の日本の青年が庭先の川にカナディアンカヌーをつないで出発の準備をしていて、それがTだった。

話をしてみると、大手出版社に勤めていたが、このままだと何もしないで青春が終わる。それで会社を辞めて自分を試しにユーコンにきた、といった。

「君はいくつだ?」

「三十二歳です」

「いい歳だな。これから何回も自分を試したり、失敗したりできるじゃないか」

彼は何もしないでいれば一生安楽な生活が保障されていたのに、あえて安定した人生を変えて荒野にきたのだ。日本の青年たちも捨てたものではない。ぼくはTに"Good Luck!"といってビールを差し入れし、彼が探しているものが見つかるといいが、と思った。青年は漕ぎ出していった。

一年後、彼から連絡があった。彼はユーコン川を下ったあとヨーロッパにいき、帰国してフリーのライターになった。有能な書き手らしく依頼が多く、「なんとか食っています」という。国内外のトレッキングの紹介をよく手掛けている。その後、ぼくの家に連れてきた恋人と結婚し、今や子供もいる。ユーコンで単独行が辛いと涙ぐむ日本の若者もいたが、Tは果敢に自分の進路を切り拓いている。目の前で進む彼の人生の軌跡をぼくは興味を持ってじっくりと見ている。

Tが連れてきたのはライター仲間のホーボー・ジュンだった。彼も過激な青春彷徨の経験を持っている。若い時の旅は往々にして生き方の探索と重なるから、求道的なものになる。

「以前、野宿を続けて旅をしたことがあったんです。道端の側溝に寝るような旅で、ある時、町に出るバスに乗ったら、そこにいる人たちの頭上にオーラのようなものが見えた。いい人はきれいな色で、根性の悪い人は黒いオーラでした。これは面白いと思っていたら、段々バスが混んできて、娑婆の匂いが強くなって、一眠りしたら光がみんな消えていた」

「非日常的な体験を積むと、普通の感覚の皮が一枚ずつ取れて超能力のようなものが出てくるんだろうね」

ホーボー・ジュンが連れてきたのはスタンダードのボーダーコリー（メス・二歳）だった。ジュンがフリスビーを投げると、彼の犬は疾風のように駆け、空中にジャンプして、それを口でキャッチした。ぼくの犬たちはただカヌーに乗るだけがとりえで、球技は下手くそだ。それに、ハナはフリスビーを追う他の二匹の前に回りこみ、邪魔をしている。ジュンがいった。

▲ホーボー・ジュンと犬たち。　（撮影：山田真人）

▲フリスビーで遊ぶ。　（撮影：山田真人）

「ボーダーコリーには、他の犬が走るとその先回りをし迎撃する性質の犬がいるんです。こいつがそうです。牧羊犬だから、群れから離れる羊をそうやって止めるんです」

広い無人の砂浜は犬の天国だった。犬たちはジャンプし、転がり、目を輝かせて「面白かったよ」といいながら、イモを焼いている焚き火のところに戻ってきて、また走っていった。

川下りは小さな川の方がいい

川下りは小さい川の方が面白い。昔、アマゾン川を下った時、川幅二メートルの源流部の方が川幅一〇キロ、二〇キロの中流部よりずっと面白かった。

家の近くに一本の小さな川がある。普段は水が枯れてカヌーはできないが、年に数回、大雨が降ると川下りに絶好の川になる。

東京から友人たちがきたので、その川に連れていった。前日まで激しい雨が降っており、川はちょうどいい流れになっていた。平均水深約三〇センチ。絶えず岩にぶつかるが、ポリ艇だから問題はない。ツルリとフネが滑って、浅い水路を抜けていく。友人たち七人は一人艇、ぼくは二人艇に犬二匹を乗せて出発した。岸の竹藪や木の茂みがトンネルを作り、その中をわれわれは歓声を上げて下った。ガツンガツンとフネが川底の岩に激しく当たりながら、滑って乗り越えていく。

以前はこんなカヌーはなかった。フォールディングカヤックは岩に当たるとすぐに薄い船体布に穴があくし、当時のカナディアンカヌーは木製かジュラルミン製だった。ジュラルミンのフネは丈夫だといわれていたが、岩に当たると引っ掛かり、すぐに沈した。それに、神経を引っ掻くようなひどい音を立てるので、深いところしか漕げなかった。

一九八二年にモンベルが輸入したポリエチレン製のカヤックは一つの革命であった。それまでのカヤックはＦＲＰ（強化プラスチック）製で、これは岩にぶつかると、嫌な音を立てて割れた。ところが、ポリ艇はいくら岩に激突しても平気で滑っていくので驚いた。このフネだとどんな川遊びも可能なのである。

「パドルを竿のように使うんだ。岩を強く突いたり叩いたりしろ。フネが岩につかえたら、パドルを斜め後ろの川底につけて、それに体重をかけろ。すると、フネが浮いて脱出できる。それができなかったら、フネを降りて引っ張ればいい」

ぼくのフネが浅瀬の岩に引っ掛かって動かなくなった。飛び降りてフネのロープを引いて歩く。渓流タビはこの川下りの必携品だ。川底のゴロタ石は苔がついていて、よく滑る。

犬たちが喜んで浅い川を走っていく。深いところで再びフネに乗りこむと、犬は泳いで遊んでいるので、そのまま放って下った。彼らは深いところは泳ぎ、浅いところは駆けてカヌーを追い、並走した。この二匹のボーダーコリーは運動能力が高く、こういう川下りが好きだ。

沈する人が出てきた。みんなカヌーが二、三回目だ。初心者は大抵このあたりで初沈を経験する。

「カーブをいく時はできるだけインコースの浅いところを通る。アウトコースの岸壁にぶつかって転覆するよりもいいだろう。フネが傾いた時、パドルのブレードで水を抑える練習をしてごらん。フネの傾いた方の水面をパドルで叩いて抑えるんだ」

川の周りの山は雨に洗われ、輝くような緑で美しかった。

岸に上がって休憩。弁当を食べた。足を水につけてビールを飲んだ。

「十五年前、この川は深い淵が何カ所かあったんだ。淵はどれも三、四メートルの深さで、潜るとコバルトブルーでね。それが今では、深い淵はみんな砂利で埋まって一メートルくらいになっている。周りのスギ山が荒れて、雨のたびに山の土砂が川に入ってくるんだ。農水省が拡大造林で、国内の山にスギ苗を密植させたのは大失敗だった。日本中の山の麓から頂上まで、スギに変えてしまった。あれはピラミッドや万里の長城などより凄い大事業だった、という人もいる。しかし、それで日本の自然が変わってしまった。山がダメになれば川も海もダメになる。広葉樹林の栄養分が川に入らないので、魚が一〇分の一に減った。十五年前は吉野川で採れるシジミを近くのスーパーで売っていたが、今はみんな島根の宍道湖《しんじ》産のものだよ」

川原に寝転び、空を見る。

この年は七月末になっても雨が止まず、川の水温が上がらないので冷たくて泳げなかった。セミやヒグラシが鳴かず、庭にいつもきていた鳥がこない。天変地異の前触れだろうか。

出発。白く泡立つ瀬をいくつも漕ぎ抜ける。

一メートルほどの段差の堰堤越え。ゴウと轟く音の中で、フネに犬を入れたまま、カヌーをロープで引いてゆっくり下ろす。

左右に蛇行した川をゆっくり漕ぎ続けた。みんな顔が輝き、次第にパドリング・ハイになっていく。こんな非日常的な小さな冒険ほど、われわれの人生を活気づけ、癒すものはない。

もっと遊びを ―遊びを作る―

初冬の暖かい日に、小中学生の数人の男女を連れて、冬の減水を始めた日和佐川にいった。岩の下を手で探って魚を押さえ、岩を転がしてその下で冬眠しているテナガエビやヨシノボリを捕り、深みに寄せ餌をしてカワムツとフナを釣った。

今の子供はのべ竿による釣りができない。四・五メートルの竿先に〇・八号の細いテグスを結びつけたり、鉛の玉を噛んでウキが立つように調節したりといった細かな手作業ができない。やったことがないのだ。「川の学校」で、五〇センチの竹竿にオモリとハリだけをつけて、魚が餌に食いつき、釣り上げるまでの一部始終を見ることができる「見釣り」が人気があるのは、そのためだ。しかし、それも川底が見えるほど水が澄んでいて、魚が多い川でないとできない。

のべ竿でしばらく釣りをすると、全員が糸を頭上の木の枝に絡ませてしまった。ぼくの世代の日本人は小学低学年で釣りを始め、何度もやり損なって釣りを会得した。ハヤ釣りの仕掛けを作っているぼくの手元をのぞきこんで、子供がいう。

「どうしたら上手くなれるの?」

「何回もやって失敗を繰り返す。そうするうちに、一人でできるようになるよ」

と答えて、この子たちの学校では、現在水辺にいくことは禁じられているのを思い出した。子供たちは面白い遊び、自由な遊びをみんな禁止されている。頭と体を使うスリルのある遊び、木登り、ターザンごっこなど、みんな「危険」として禁止だ。第一、この子たちにそういう遊びを教えられる教師、親がいない。何もできない無能な大人ばかりなのだ。

自分の子供時代を振り返ると、昔の少年少女は野遊びやアウトドアに習熟していたと思う。ぼくの少年時代は昭和三〇年以前だ。その頃の日本はとんでもなく貧しかった。しかし、子供たちの遊びは多彩で面白く、一日が足りないくらいだった。それは遊びや道具を自分の手で作っていたからだ。

当時、日本中の子供たちは夏は川で遊び、川の水が冷たくなると、近くの山に入った。その頃の子供は、集落や町内で一年生から六年生まで固まって行動した。野遊びだから、歳が一つ違うと実力に格段の差がある。低学年のハナ垂れ小僧は五、六年の上級生を見ならい、遊びを一つ一つ覚えた。メジロをトリモチで初めて捕ったのは三年生の時で、それは一級上の子が教えてくれた。ホオジロを竹のバネを利用した仕掛けで捕った時も、上級生が側にいた。

家の周りは一面の桑畑で、いつもヒバリが気忙しく鳴きながら、舞い降りて畑の中に入っていた。

それをネズミ捕りに粟の穂をつけて捕ったのはぼくの工夫だ。しかし、鳥カゴに入れたヒバリはカゴの中で絶えず飛び上がり、頭を打って死んでしまった。どうしたらいいのか。ぼくは近くの隠居した爺さんに相談にいった。爺さんはヒバリを飼うカゴは、天井には柔らかい網を張らなければならない、と教えてくれた。

当時はテレビがなく、みんなたっぷりと自分の時間を持っていた。すべての遊びは自分の手でゆっくりと作った。当時の田舎には駄菓子屋が少なく、あっても子供に金がない。子供たちはいつも腹を空かせていた。だから遊びの半分は食欲に関係がある。

春先から茅《ちがや》の穂が出る。その柔らかい部分を食べると、少し甘味がある。タケノコが出てくると、それを掘って焼いて食べた。細いタケノコの中には甘いものがあり、われわれはそれを好んだ。梅雨になると、ユスラウメがなり、ビワがなった。青い大きなウメの実は酸っぱいが、食べごたえがある。しかし、これを多量に食べると、必ず腹が痛くなった。

学校でも時々、思い出したように、登下校の際にそのあたりの野生の食べ物を食べてはいけない、と注意したが、アメ玉など滅多に手に入らない田舎だから、われわれは野にある食べ物を口に入れた。時々教師がみんなに、口を開けてみろ、と検査をした。登校の途中でクワの実を食べた奴は口の中が紫色ですぐにばれる。

われわれが一番豊かな気持ちになれたのは、秋の里山だ。持ち主のない野生のカキの木があちこちにあり、その熟した実を五、六個食べると腹いっぱいになる。グミや山グリは粒が小さいがとても甘い。子供たちは山のどこにそれらの木があるかちゃんと覚えていた。アケビはいくら食っても満腹にならない不思議な果実だった。山芋のツルを見つけると、われわれはそれを掘る前に、ツルにびっしりとついている実（ムカゴ）を採った。焚き火をして焼くととても美味しいのである。

広い山野に子供を放流すると、道具がなくても遊びを自然に作る。山野で自由な遊びを覚えた子供たちは全員いうのである。

「ゲームやディズニーランドは少しも面白くない。ぼくは遊ばされるのではなく、自分で遊びたい」

鉄は熱いうちに打て

田舎に住む面白さは、「魚釣り」ではなく、「魚捕り」が楽しめることだ。

「川の学校」の子供たちの間では、釣りよりも潜り、網ですくうガサガサ、追いこみ漁のガラ引きなどが人気がある。

川の中に潜っていって、岩の下に手を入れ、魚を手掴みにするというのは強烈な野生体験で、これで子供たちの人生観が変わる。

今の子供は生きた魚が水中を泳ぐ様を見たことがない。それは、彼らにとって初めての体験で、大抵の子供は潜りを経験すると、授業中も頭の中は川を泳ぐ魚のことでいっぱいで、成績が急に下がる。

▲深みにつけたカニカゴを見にいく。川遊びの醍醐味。

吉野川はナマズの多いところで、置きバリなどをやると、大抵数匹のナマズが捕れる。子供たちは競ってナマズに触り、「早く食べよう」という。もう何年もナマズを食べているので、川の学校卒業生を含むスタッフたちは、ナマズ料理が上手だ。フライにし、それをあんかけにして出すと、通りすがりの川の漁師も唸る美味しさだ。

こういうことは子供のうちに仕込まなければならない。今では「川の学校」ではコイ、ナマズ、ウグイ、ゴリ、カエル、ヤマカガシなどのヘビも喜んで食べる。小さい時に教えると、すぐに慣れるのだ。

秋になって、川岸に彼岸花の赤い花が咲くと、川ガニ（モクズガニ）が美味しくなる。夏の間もカニは捕れるのだが、中身が詰まっておらず、味が薄い。これが秋になると、身がみっしりと詰まって、重くなる。

川の、流れの緩い淵にカニカゴを放りこみ、翌朝上げると、数匹のカニが入っている。エサはウグイやオイカワなどの雑魚を数匹、串に刺して入れておく。

夕方、川に出かけ、岸の木に、カニカゴをつけた紐の先を結わえ、川の中にカゴを落とす。ついてきた犬たちが、首を伸ばして、興味津々でのぞきこんでいる。

カニは獰猛な肉食だ。いつか、刺し網を張って水面から眺めていたら、魚が掛かると、周辺の岩や石の下からすぐにカニがごそごそと出てきて、網に引っ掛かって暴れている魚をばりばりと腹から食べた。それも味のいいアユから食べるのには、感心した。カニは川の掃除屋だ。

ぼくの家の近くの川は小さいので、岸からカニカゴを放りこむ。岸から近寄れないところは、カヌーにカゴを積んでいく。カヌーは容積が小さいので、二人艇のカヌーを二、三バイ、ロープでつないで貨物船にして積みこみ、崖の下などに次々とカゴを放りこむ。二〇個くらいつけると、一日に一〇〇匹のカニが捕れる。

カニカゴは実によくできていて、海でも川でも万能だ。鹿児島にいた時、これを川につけると、一〇匹のカニに一匹の割合でスッポンが捕れた。錦江湾につけると、フグが入った。湾内でフグの養殖をしており、脱走したフグが入るのだ。だから、鹿児島では、週に一回はスッポン鍋やフグ鍋を食べていた。先日、徳島の海に放りこんだら、タコが入った。

カニはゆでて食べてもいいが、潰してダシにすると、味のいいスープができる。

カニは料理が簡単なのがいい。カニを出刃包丁で真っ二つに割り、それを米の上に載せて炊く。四合の米に日本酒三勺、醤油二勺を入れると、うまいカニ飯ができる。非常に手軽で、独身者にはぴったりだ。

捕ったカニを都会の友人たちに送るが、時々、騒ぎが起きる。「野田水産」と消しゴムで作ったハンコを箱に押し、クール便で送るのだが、最近の奥さんたちには、「気味が悪い」という人が多い。箱を開けると、カニが毛の生えた爪を頭上に振りかざして、ごそごそと出てくる。女性陣は声を上げて逃げ回る。カニが家具の後ろに逃げこみ、夜、寝ていると、タンスの裏でガサガサと動く音がする。それは一週間ほどで静かになり、年末の大掃除の時、干ガニになって出てくる。

このカニと同種のものが、都市では上海ガニなどと称して、レストランでは一パイ数千円で供される。

先週、我が家では数十匹のカニが捕れた。大きな胴丸カゴ数個にそれらを分けて入れ、庭先の川につけておく。エサにカボチャを切ったものを入れる。

ある友人の家に電話をした。

「川ガニを送りましょうか?」

奥さんが冷たく答えた。

「実は二年前に送ってもらったカニが、まだ冷凍庫に入っているんです」

当世田舎事情

若者たちの間でアウトドアを生業とする人が増えた。いいことである。カヌーや山登り、シャワークライミング、キャンプの場所の見つけ方とやり方、夏の間は海や川での潜り、サイクリングなどのガイドだ。都市で大きな会社に入って安定した生活をする従来の生き方ではなく、自分で仕事を作り、田舎で暮らすのである。自然に不慣れな人を集めて、アウトドア教室をやると、結構人が集まり、商売になるようだ。

五〇年前は小学生でも普通にやっていた遊びを禁止してしまったから、いまや田舎の大人でも何もできない。ぼくの住む村は限界集落と呼んでいい場所だが、そこに住む人たちは魚一匹捕れず、まず生き物に触れない。自然が豊富な場所にいながら、意識だけは大都市に住む人と同じだ。道の上で車にひかれたヘビが死んでいたら、それを怖がって車が渋滞する。農家の夫婦がいい争っているのを聞くと、マムシを見つけた旦那が殺そうとしているのを、嫁さんが、可哀想だからやめろ、といっているのだった。マムシに噛まれると、二、三日入院しなければならない。こういう自然観を持つ人が田舎に住むのは、大変だろうと思われる。

小さい頃に生き物に触ると、すぐに野外の遊びが上手くなる。日本は世界でも珍しいくらい自然が穏やかで、世界で最も遊びやすい山河、海を持っている。ウェットスーツ、ライフジャケットなどの道具が普及したから、季節を問わずいつでも水辺で遊ぶことができる。ぼくの知人たちは、学校で禁止された外遊びがいかに楽しいか知っているので、生活が楽しそうだ。

最近、子供を連れて川で遊んでいると、「危ないからやめろ」といってくる大人が増えた。本人は善意のつもりなのだろうが、構わないでいると、警察に通報する。警察は住民の報告があれば、注意をしなければならないと思いこんでいるから、職権で遊びをやめさせる。世界中でこんな余計な世話を焼く警察は日本だけだ。警官も泳げないのであろう。

この前、サーフィンの洋画『ビッグ・ウェンズデー』を観た。数年に一度の大波のくる海岸で、若者たちが巨大な波を相手に自分を試す。警察も一応は、今日は海に入るな、というが、それでも出ていく人はいる。自分の命は自分で守る、という自己責任の観念が浸透しているのである。ある者は波に揉まれて死に、ある者は生き延びて英雄になる。

「自分の命くらいは自分で守るよ」

この国でこういうと、警察は困り、怒る。市民の自己判断という考えがないのだろう。遊びに危険はつきものだ。危険のない遊びは面白くない。

数年前、ぼくの村で、台風の増水時に橋の上から川に飛びこんで、泳いで下った小学生がいた。すぐに学校に通報され、両親が呼び出されて、校長に大目玉を食った。両親も子供もなぜ校長が怒っているのかわからない。小さい頃から川で遊び慣れた少年にいわせると、普段の川の水位では、飛びこむと浅いから危ない。増水時こそ川に飛びこんで遊べる唯一のチャンスだ、という。正論ではないか。若者に冒険を禁じる国は亡びる。

そういう事情からか、近年、夏休みのアウトドア短期留学を始めた大学もある。学生たちをカナダやアメリカに送り、そこで二、三週間のサバイバル教室をやる。携帯の電波が入らぬ荒野を歩き、山を登り、川を下り、自分たちでキャンプ地を決め、食べ物を見つけて料理をする。トイレの紙は使わず、自然の中にあるもので生存するのだ。インストラクターの青年たちは、海兵隊や特殊部隊で鍛え上げた屈強な連中だ。アメリカの大企業の社員などもこの講習を受けている。

インストラクターが肝心なことをいっても、語学力が及ばず、とりあえずYesと答える学生たちも多い。これはツアーでくる一般客も同様で、川下りのある日、お客の一人が転覆した。ガイドがそのグループ全員に“Stay here.”（ここにいろ）といって救助にいった。途中、彼が振り返ると、全員がすぐ後ろをくっついて漕いでいた。一人で二人以上は助けられない。Stay も here も中学で習った単語だ。しかし、実際にそれを聞いて理解するのは慣れが要る。読み書きはできるが、聞くことができないわれわれの弱点である。

留学の最終日、インストラクターたちが自分の年齢をいうと、学生たちはショックを受けた。少なくとも一〇歳は上だろうと思っていた男が、自分とたいして変わらないとわかったからだ。一人の受講生は思いつめた表情でぼくに訊いた。

「ぼくがあと一年ここにいれば、あの青年たちのようになれますか?」

われわれは自由か

この前、家でテレビを見ていたら、川の淵を映して、「ここから飛びこんで二人死んでいます」とアナウンサーがいい、次に別の川を映し、「ここでも死亡事故が起きています。危ないから飛びこみはやめましょう」といった。

またか、とぼくは思った。

およそ四〇年前のことを思い出した。

梅雨時に増水した川で、漁師が投網を打っている映像を流し、その時、アナウンサーが顔をしかめて、「危ないことをするものです」といったのだ。増水期に投網を打つのは、「濁り打ち」といって、川漁師の大切な仕事だ。フラッド・フィッシング（洪水漁）という単語があるくらいだから、世界中の漁師がこれをやっているのだろう。これを危ないといったら、漁師は商売にならない。

その頃から日本中の多くの人が、都会的感覚で川や海を、危ない危ない、といいだし、今や日本は泳げない人が大多数だ。

四国には、高さ三、四メートルの沈下橋が多い。「川の学校」では、その上から飛びこむのが、一番人気のあるメニューだ。

ぼくの村を流れる川には、クジラ岩と呼ばれる大岩がある。その四メートルほどの高さの岩から飛びこまないと、男は学校で意気地なしといわれる。岩から飛びこむのは、少年たちにとって、大事な通過儀式なのである。

イギリスで「ファスト・ネット・レース」という、ヨーロッパで一番古い伝統を持つヨットレースがある。一九七九年のレースで、大きなシケに遭い、沈没するフネが続出した。死者十五人、行方不明五人、救助された者一三六人の事故になった。

その時、レースを主催したイギリスの大臣が、マスメディアにこう宣言した。

「今後もこのレースは続ける。やめることはない。このレースは、イギリス人の生活に根づいた大切なものだ」

▲今日は30回飛び込んだ！　俺は50回！　夏の川に子供の歓声が響く。

長良川の上流、郡上八幡《ぐじょうはちまん》で、夏の風物詩として、子供が十二メートルの橋の上から飛びこむ風景がある。数年前、これを見て、よそからきた人が飛びこみ死亡した。

この事故のあと、橋からの飛びこみを禁止しろ、という声があった。しかし、郡上八幡の人たちは、橋の上から飛びこむのは、この町の大切な生活習慣だといって、禁止にはしなかった。立派な見識である。

「川の学校」の子供の保護者を呼んで、子供たちがやっている飛びこみや魚捕りなどの遊びを体験させたことがある。最後に感想を訊くと、「子供の時にああいうことをやりたかった」という意見が大多数であった。

読者諸君、日本は世界で一番、水温が高く（本来）きれいな川を持つ国だ。それを遊泳禁止にし、子供を川から遠ざけ、川に慣れる機会を奪い、毎年夏には多くの水死者が出ている。

一般の日本人は、こういう判断を学校や行政に任せているが、そろそろ変えた方がいい。彼らにとって川や海は、最も危険な遊び場なのである。こういうことは他人に任せず、自分の子供だけはしっかり泳ぎを教えるべきである。

アウトドアから自由や自己判断を取り上げたら、何も残らない。

遊びは自由だから面白いのだ。

◆第三章◆

川の学校

カエルの上にそっと赤い布を近づけると、

ぴょんと飛びついて掛かる。

体長三〇センチの大型のカエルだ。

初めて見るウシガエルを

ぎゅっと掴んで頬ずりしている子もいる。

「これ、どうするの？」

「もちろん食べる」

「……!!」

河口堰反対運動を楽しくやる「川の学校」を始めた理由

二〇一〇年三月に徳島・吉野川の第十堰可動化計画を完全にやめるという方針を、国交相が宣言した。

思えば二十四年前（一九九二年）、長良川河口堰反対闘争の最中に、吉野川に同じような河口堰を作るという計画が発覚した。

その時、徳島市民が何度か反対集会を開いた。ここまではどこにでもある話だ。一回か二回反対運動の集会をやって、あとはなんとなく尻すぼみになって負ける。しかし、吉野川の場合はそのあとが違った。毎週、徳島市内の至るところで集会を開いて、市民に説明をした。時には数人しか聴衆が集まらないこともあった。それを二年間、毎週続けたのである。

その時の集会の主張は、「必要のない堰を作るのはおかしいと思いませんか？　みんなで考えましょう」という調子に終始した。「河口堰絶対反対」という言葉は使わなかった。この国の人は大きなものや権力に反対したり、闘ったりすることを嫌い、恐れる。大きな不正が目の前にあっても目を逸らし、又は諦めて黙って生きる。そういうことに慣れている。

吉野川の第十堰反対運動の首脳陣（「吉野川シンポジウム実行委員会」）は決して声高に反対といわ

ず、市内の人たちに静かに、おかしいと思いませんか？　と問いかけ続けた。彼らは「いつでもどこでも誰とでも討論、議論をします。どこにでも出張します」と宣言し、実行した。いつ何時誰とでも闘う、と世界に向けて異種格闘技戦を宣言したアントニオ猪木みたいではないか。

しばらくすると徳島市内のあちこちで、家庭の主婦やお年寄りたちの間で、「吉野川の第十堰を取り壊すそうなんよ。どうしてやろう？」という会話が道端の立ち話や井戸端会議の話題にのぼるようになった。市民のみんなが第十堰のことを知り、第十堰は日本でも珍しく古い石積みの堰で、いまだに健在でこれを取り壊す必要はない。しかも何千億円というお金をかけて可動堰にして、長良川のようにヘドロだらけの腐った川にすることはない。そういう認識が少しずつ広まっていった。

それからの徳島市民の盛り上がりは素晴らしかった。吉野川の河口堰の是非を問う住民投票をやろうじゃないか、ということになった。しかし、当時の徳島市議会は自民党や公明党が多く、住民投票案は却下された。それでは、と次の市議会選挙で市民派は独自で数人の候補を立て、当選させた。そうして市議会の中の与野党の分布が変わり、住民投票ができることになった。

すると当時の与党はありとあらゆる妨害をした。それまでの県内の選挙は投票率が低く、四〇パーセント前後だったので、五〇パーセント以上の投票がなければ住民投票は無効とする、など様々な関門を設けた。しかも投票日はこの三〇年間の統計で一番天気の悪い一月二十三日と設定された。市内の至るところで、寒い路上に「住民投票へいこう」というポスターやのぼりを持った人々がいた。

その時、首脳陣が一貫してみんなに呼びかけたのは、「楽しくやろう。こういう運動は楽しくやらなければ続かない」ということだった。日本各地からいろんな人が応援にきた。みんな目を三角にして「反対！」と政治的な発言をする人が多いので、首脳陣は彼らに「遊んで楽しくやってくれ」と頼み、運動のトーンを柔らかくしてもらった。その間、中心人物の家に税務調査が入った。県のボスたちの妨害である。これは明らかに法律違反なので抗議すると税務署は退散した。当時の与党によるこの手の妨害は数え切れない。

結果、五十五パーセントの投票率があり、その内の九〇パーセントが、河口堰には反対だ、というものだった。

ただ河口堰反対というだけではなく、吉野川は面白いぞ、こんなにたくさんの遊びができるいい川である、ということをアピールするために、吉野川のイベントをいろいろやった。カヌー、キャンプ、魚捕りをしてそれを食べ、吉野川を丸ごと遊ぼうという「吉野川まる遊び」、吉野川の広大な竹林を利用した「かぐや姫キャンプ」など。

大人は川で遊ぶことを忘れているから、川で遊ぶ川ガキを育てようということで、二〇〇一年から「川の学校」も始めた。一応ぼくが校長で、マスコミの耳目を引くために名前の売れている人たちを講師に迎えた。C・W・ニコル、椎名誠、夢枕獏、辰野勇、その他魚捕りの名人や地元の漁師たちにきてもらい、子供に魚捕りを教え、話をしてもらい、「川で遊べ」とやった。

「川の学校」のメニューは、とにかく川で泳げ、潜れ、魚をヤスで突け、ガサガサをやって網で魚を

▲吉野川の第十堰。約260年前に造られたもので、現在も充分に機能している。

▲1月23日は投票に行きましょうと呼びかけている徳島市民。

すくえ、沈下橋の上から飛びこめ、といった学校では厳禁されているものばかりだ。それに火遊び、夜更かしは自由である。そういう遊びを入れたのも、吉野川のダム反対運動の成功の原因の一つだったと思う。

「川の学校」を始めて十六年になる。これまで四五〇人の子供が卒業して、立派な川ガキになった。

そしてこの運動がきっかけで、ぼくは日和佐川を見つけ、徳島に住むことになった。

もっと親水性を！　いい川にはいいガキが必要だ

現在の相撲界では川がつく四股名《しこな》を持つ力士が少ない。幕下五〇枚目に一人いるだけだ。昭和三十年頃までは「〇〇川」という四股名が多かった。

日本人の川意識の低下、川のイメージの悪さが原因だ。川で遊べない日本人が増え、泳げない大人が多い。川は危険な自然の最たるものになってしまった。世界で日本ほど川の多い国はない。そして日本人は世界で一番泳ぎが不得意な国民ではないか。ロシアやアラスカ、北欧などの水の冷たい国でも、人々は夏には川や湖で泳いで遊んでいる。

数年前の夏、鹿児島にいくと、小さな川で息子を泳がせ、潜ってヤスで魚の捕り方を教えている父親を見かけた。なかなかいい光景である。仕事で都会に出た大人が故郷に子供を連れて帰り、少年時代にやった遊びを教えているのだ。

すると、町の役場の車がやってきて、「川で遊ぶのは禁止」などといって親を叱った。そばで見ていたぼくがつい口を出した。故郷の川で子供を遊ばせて何が悪い、というと、「村の規則で決まっている」という。こういう役場が今、多いのである。川で遊んだことがなく、川で泳げない役人が勝手に作った規則であろう。役人というのは、町民が楽しんでいるのを見ると、何かいちゃもんをつけたくなるらしい。

「そういう規則を作る役場が悪い」

とぼくはいった。せっかくきれいな川があるのに、それを禁止するとは何事だ。この川は急流もなく遊びやすく、魚も多い。子供を遊ばせるには絶好だ。それを役人が禁止するとはけしからんではないか。話をしていると、彼が泳げないことがわかった。

「君が泳ぎが上手くなって、魚捕りができるようになれば、こんな面白い遊びはないとわかるようになるよ。パチンコばかりいってないで、もっと川で遊べよ」


四国の吉野川で始めた「川の学校」は、小学五年から中学三年までの三〇人を主に西日本から集めて、年間五回のキャンプをし、川に潜らせ、魚を捕らせる。例外なく川に潜り、魚を捕り、捕った魚をすぐ食べてしまうワイルドな川人間になる。大人がちゃんと潜って魚を捕って見せれば、子供もすぐにそれを真似して上手くなる。

釣り、飛びこみ、潜って魚の手掴み、置きバリでの魚捕り、ライフジャケットを着けて上流からプカプカと流れる川流れ、川原での夜の焚き火。個人の焚き火も許しているので、川原のあちこちにたくさん小さな焚き火ができる。肥後の守ナイフを一つずつ渡し、それで魚をさばき、竹を削り、箸を作る。「川の学校」では夜更かしもOKなので、彼らは遅くまで火を囲み、ぽつぽつと自分の心情を喋り出す。子供は川の学校で自由を学ぶ。自由に自分の判断で遊ぶ。自分の判断で走り、崖や沈下橋の上から飛びこみ、ぶっ倒れるまで遊ぶ。

ここでは同じメンバーが一年を通してキャンプをするが、二回目から子供の表情が変わっている。われわれスタッフはなるべく子供に手だしをせず、子供の判断に任せて遠くから見ている。「川の学校」の卒業生の多くが、人生であんな面白いことはなかったという。その年の三回目、四回目のキャンプになると、多くの子供たちがヤスでフナやナマズを突いてくる。そしてあっという間に自分で料理して食べてしまう。二十数人のスタッフを抱えているが、半分はここの卒業生だ。

「川の学校」をやるようになって、ぼくの周辺がにぎやかになった。同時に今の子供たちを取り囲む状況が少しわかってきた。現在の日本の病んでいる部分がすべて子供に集中しているようである。

川ガキの母親と話す機会があった。

「川の学校のキャンプから帰ってくると、子供がとてもいい顔になっているんです。そして川で遊んだ話を一日中、しゃべり続けます。よほど楽しかったんでしょうね。それまで、何にも強い興味を示さなかったうちの子が、川で遊ぶことに熱中しています。淡水魚の図鑑を買ってきて、一日中それを眺めている。危ないから川で遊ばせないでくださいと学校から通達があって、あまり深く考えずにそれに従ってきました。しかし、これからはもっと川や海に連れていこうと思っています」

「それはよかったですね。彼は生まれて初めて川に潜って、泳ぐ生きた魚を見たんです。彼にヤスを与えたら、一日中、川に入って、その日の夕方、五センチのヨシノボリを一匹突きました。とても喜んでましたよ」

「それでうちの子のなにかが変わったんでしょうね。魚をヤスで捕った話ばかりします」

「そのヨシノボリを焼いて、われわれ大人が酒の肴にして、うまいうまいといって食べたので、彼はそれも嬉しかったんでしょう。次の日は四、五匹突いて、意気揚々とぼくのところに持ってきました。ああいうのはお互いに楽しいものでね。大人たちが『やったなあ』とか『上手になった』などといい、美味しい美味しいといって食べる。子供にとって、こんな誇らしいことはない」

「恥ずかしいことですが、うちの子供がたまに昆虫やカエルを捕ってくると、生き物を殺してはいけませんとか、可哀想だから逃がしてやりなさいとか、そんなことばかりいってきたような気がします」

川で泳ぐのもいいが、それよりも魚を釣ったり捕まえたりするのが何倍も面白い。プールがつまらないのは、生き物を追いかける楽しみがないからだ。泳いだり潜ったりするのは元来、魚を追いかけ、魚を捕るためのものなのだから。

しかし、今の日本の大人は川で遊べない。

「川の学校」を始めて以来、各地の学校や行政と口論をした。わかったのは、「川にいってはいけない」と禁止する大人たちに、泳げない人が圧倒的に多いことだ。最悪なのは学校の教師である。「川の学校」のパンフレットを見せると、いったいこんな危険なことを教えてどういうつもりだ、と怒る校長もいて、まず絶望的である。子供たちに楽しいことを何一つさせない。それは自分自身がそういうことをやったことがないからだ。

一九六〇年代から学校にプールが普及し始めると、日本中で川にいってはいけないという不思議な風潮ができた。プールでの泳ぎと流れのある川での泳ぎ方は違う。それは体験しないとわからない。川にいくなという教えを忠実に守ってきた人間が先生になった。彼らはおそらく川で潜ったことも、川で魚を釣ったことも、網ですくったこともないのである。そういう人間にとって、川や海は溺れる恐れのある、ただただつまらない危険な自然なのだろう。きれいな川がある田舎にいて、泳げないとはもったいない話だ。

こんな事件があった。中学に上がった「川の学校」卒業生が、友達と川に遊びにいった。最初、釣りをしようとしたが、釣り具屋で、竿や仕掛けを買うと、一人三〇〇〇円かかる、といわれた。店先に五〇〇円のヤスがあり、それを買うことにした。川にいき、そのヤスで五〇センチのコイを突いた。しかし、よく見ると川が汚いので、コイを川に捨てて帰った。

これを誰かが見ていて、学校に通報した。

翌日、その生徒及び彼の親が学校に呼び出され、校長、教頭、担任の教師から叱責された。その生徒と親は、「いったい何が悪いのだろう？」と不思議に思ったという。「川の学校」では、大きなコイを捕ると、よくやったと誉められる。

学校のいい分はこうだ。まず、川にいったのがけしからん。次に、コイを血まみれにして殺したのが残酷である。しかもその死骸を放置してきた。このことを聞いた近所の人は、「そんなひどいことをするなんて、よほど悪い仲間がいるに違いない」といった。「川の学校」の責任者であるぼくなどは、悪人の最たるものなのであろう。

天下の清流、四万十川のすぐそばに小学校があって、そこでカヌーを教えたことがある。その保護者たちがダメであった。カヌーを漕いでいる子供の横に親がいき、子供を見張るのだ。その保護者の大半は泳げない人であった。泳げない教師も参加し、子供たちがライフジャケットを着けて泳いでいると、凄い剣幕で叱っていた。

また、徳島のある小学校の子供を対象にカヌースクールをやった時のことだ。生徒数一二〇人、教師が十五人くらいいただろう。その時気づいたのは、教師たちのほとんどが泳げず、水を恐れていることだった。

暑い日だったので、ぼくは子供に「飛びこめ」「泳げ」といった。全員ライフジャケットを着けているので、溺れる心配はない。すると彼らは水際にずらりと立っている教師たちの顔を見た。いつも「川にいってはいけません」「川に入ってはいけません」といわれているのだろう。

「今日はぼくが校長だから泳いでいいんだ。先生のいうことは聞かなくていい。みんな川に飛びこめ。泳げ」

子供たちは少しずつ川に入り、泳いだ。そして川に入るとたちまち熱狂して、大声を上げ始めた。それぞれが力いっぱい叫ぶので、川の上は大変な騒ぎになった。みんなで川で泳ぐのは楽しいものだ。川の上空に子供の歓声がワーンと響き、ぼくは子供の頃を思い出した。昔の日本の川はいつも子供の歓声が聞こえたものだ。

日本の川を子供の声が聞こえない沈黙の川にしたのは学校である。

子供にもっと生き物を殺させよう

夏、遊びにくる子供を海と川に連れていき、どちらが面白いかと感想を聞いた。すると全員が川の方が面白いという。

「海もいいじゃないか。海は広いし大きいぞ」

「だって、海ではなにもすることがないもん。泳いでも広いし、深いから潜って魚を見つけても、すぐに逃げられる。つまらない」

この子たちは「川の学校」の卒業生で、全員、魚捕りの名人である。しかし川の名人も海では勝手が違うようだ。魚を見つけて追いかけても、深いところに逃げられると手も足も出ない。川であれば岸の草むらや川底の岩の下に逃げて隠れた魚を追いつめて捕ることができる。しかし、広い海では魚とのそういったやりとり、知恵比べはできない。

狭い川では体力のない子供でも魚を追いつめたり、魚と駆け引きをして捕まえることができる。狭い川では魚も逃げるところがなく、いったん逃げても、しばらくするとまた戻ってくるのだ。これは単なる釣りや魚捕りではなく漁であって、子供にとってこんなに面白いものはないのだ。

海と川の最大の違いは岩だ。海の岩は海水で浸食されてギザギザになっており、触ると手足を切る。しかし、川の岩は流れに削られて丸くなっており、その上に苔がつきツルツルとして、そこに強く当たってもケガをすることがない。岩や石の下に手を入れて魚を捕まえるといったことが川ではできるが、海ではできない。海より川の方が人間にやさしい。子供たちが海より川を好むのは当然だ。

現在、日本では遊べるような川が少なくなった。人口密集地の関東や関西の都市周辺できれいな川を見つけるのは難しい。しかし親がその気になって探せば、子供と水遊びできるようなきれいな川がまだまだ残っている。自分の遊び場所を持っていれば、最近のような酷暑ではそこに連れていって毎日、水遊びができる。先週、水質四国一の穴吹川《あなぶきがわ》（吉野川の支流）にいった。そこで会った老夫婦は大阪の人で、毎週ここにきて川につかって遊ぶのだといっていた。

水に入ってバチャバチャと泳いでいるだけではすぐに退屈するから、ここはぜひ魚を追いかけ、魚をふん捕まえてもらいたい。セルビンを水中につけておけば、すぐに小魚は捕れる。水際に池を掘って、その中に小魚を入れるだけでも子供たちには充分楽しい。

小学校の高学年になったら水中メガネとシュノーケル、足ビレの三点セットを与える。足ビレをつけると、子供でも水中で魚に負けないスピードで泳ぐことができる。それに水中で自分の体を思うような姿勢に保つことができるから、魚を岩の下や草の中に追い込み、魚の手掴みが可能になる。

また、少年たちには柄のうしろにゴムのついたヤスを与えるといい。釣り具店で五〇〇円くらいで売っている。

昨近の日本では「生き物を殺してはいけません」という奇妙な思想が流行っており、子供たちを生き物から遠ざけている。こうしてこの国の人々は次第に衰弱し、生き物に触ることさえ嫌がるようになる。子供の時、一番面白いのは生き物に触ることだ。そして触りすぎて殺してしまうのも子供の特徴だ。このようにして人は生きることと死ぬことを学ぶ。

他の生き物を殺し、それを食べ、人間は生きている。だから菜食主義者でないかぎり、生き物を殺してはいけないなどというのは偽善だ。以前、カムバックサーモン運動が盛んだった頃、その運動の中心人物の女性が、帰ってきたサケを捕って、棍棒で頭を殴って殺すのは残酷だからやめてほしい、といいながらフライドチキンをバリバリと食べているのを見て大いに笑ったことがある。

子供にはたくさん魚を殺せと教える。一日中魚を追いかけて、苦労の末、一匹の小さな魚を突く。その時、子供のなにかが変わるようだ。一人の子はそれ以後、毎晩きれいな川底で魚を追っている夢ばかり見るといった。川は子供にとって初めて自由に遊べる世界なのである。水中では大人たちのうるさい干渉もないし、自分の腕次第でいろいろな魚を捕ることができる。

もっと子供に魚を捕らせようではないか。そして、そんな自由を子供にはふんだんに与えて育てたいと思っている。

父親のための魚捕り講座　川人間になるには

日本の都市部から車で一時間ほど走って田舎にいくと、きれいな小川、川、沢がまだたくさんある。そしてそこには魚がいる。ぼくが子供の頃はそういう魚を子供たちが捕って遊んでいた。水温の高い西日本では、五月から一〇月まで子供の最大の楽しみは川で魚を捕ることだった。

現在、日本の川では子供の姿が見えない。川の文化が途絶えたようである。一九六〇年代から川遊びや川で泳ぐことを行政や学校が禁じた。それによって日本人の川離れが始まり、今の五〇代未満の人たちの多くは魚を捕ることはおろか、魚に触った経験がない。

川で遊んだことのない父親は、まず魚捕りの網を買うといい。これを岸の草むらにつけて、足でバチャバチャと草を踏み、隠れている魚を追いこむのだが、小さな網だと魚はすぐに飛びだして逃げる。最低四〇センチの深さの網であれば魚は逃げにくい。

簡単なのは「セルビン」だ。セルロイド製のビン胴の略で、昔はガラス製だった。中に匂いのする練り餌を入れ、川に沈める。匂いにつられて、ウグイやオイカワ、ヨシノボリなどが入る。一日ビンの中に入ると、魚が出にくい仕掛けになっている。一時間後に上げると雑魚がたくさん入っているはずだ。これを二、三度繰り返すと、川原に掘った池を魚でいっぱいにすることができる。子供はこんな池の中の魚を掴むのを何よりも喜ぶ。子供は生き物が好きなのだ。魚に触りすぎ、掴んで可愛がりすぎて死なせてしまうが、それを禁じてはいけない。

セルビンが入手できない時はペットボトルで作ろう。たいていのアウトドア、川遊びの本に作り方が出ている。ぼくが子供の頃、高価なものは買えなかったので、木の桶や洗面器を使って魚を捕った。古い布きれを容器にかぶせてピンと張り、紐で縛る。布の真ん中に直径三、四センチの穴を空け、中に匂いのするものを入れ、川底で動かないように重しとして石を入れる。川底を掘って容器を半分埋めるのもいい。これで結構魚が捕れたものだ。この前、川原で弁当を食べ、その薄いプラスチックの蓋にナイフで穴を空け、おかずの残りを入れて川に沈めておいたら、数匹のオイカワが入っていた。

今、釣りといえばルアーによるブラックバス釣りが主流だ。しかし、この肉食魚のいる場所は限られている。日本のどんな川、湖、池でも必ず釣れるのは「のべ竿」による餌釣りだ。ミミズやサシなどの餌、テグス、ハリ、ウキ、オモリなどは併せて一〇〇〇円以下で買える。

竿は四・五メートルか、五・三メートルのものが使いやすい。高いものを買う必要はない。三〇〇〇円前後のもので充分だ。軽く細く長い、この世界に類のない芸術的な竿を日本人はもっと誇りにすべきだ。ぼくはこののべ竿を持って世界中を回った。アフリカのある川で八〇センチのナイルパーチを釣り上げた。竿は手許から満月のようにしなり、それでも折れなかった。それを目撃した地元の酋長はすっかり感心して、「村の娘二人とその竿を交換しよう」といってきたほどだ。

ブラックバス釣りが流行る前、ぼくの家の近くに一軒の釣り具屋があった。その頃の釣りは素朴なもので、大人の釣りでもせいぜいアユやコイを釣る竿に少しお金がかかるだけであった。それがブラックバスがブームになると、リール竿、フライ竿、一個五〇〇円から何千円もするルアーを何十個も揃えなければならない。釣り具屋はたちまち家を大きくし、店を改装し、別荘を作った。ブラックバスでもの凄く儲かったのである。

今の淡水釣り業界がブラックバスに固執するのはよくわかる。みんなが餌釣りなどを始め、ブラックバスを食べ始めたら、業界が儲からなくなる。だから彼らも必死だ。ブラックバスは是か非かといった討論会では、釣り業界から動員されたサクラが押しかける。それと釣り人口二〇〇〇万といわれるその票を狙って、国会議員になりたい野心家が司会を買って出て、ブラックバス派に加担するといった具合に、にぎやかなことになってきた。

もし、あなたが川原や川岸でキャンプをするのなら、暗くなったあと、フラッシュライトで川を照らすと面白い。昼間は岸の草むらや石の下に隠れていた魚が浅瀬に出てきて捕食活動をしている。昼間より動きが数倍遅く、網ですくったり、かぶせたりして子供でも捕れる。

夏の夜の川漁は何やら秘密めいた怪しいムードがある。ぼくの子供の頃の夏休みの最も幸福な思い出の中で、この夏の夜間漁はいつも上位にある。

あなたがもし川に慣れていない人であれば、連れていく者全員にライフジャケットを着せることをすすめる。万一、深みにはまっても事故にならない。

もう一つ、川で遊ぶ時は渓流タビをはくと動きやすい。川の石、岩は苔がついていて滑る。しかし、このタビをはいていると滑らず、転倒することがない。これも釣り具屋で売っている。「川の学校」ではこのタビは必需品だ。

川遊びで面白いのはなんといっても潜りだ。ダイビングショップで買うと高いが、夏の終わりにスーパーなどで売っている潜り三点セット（水中メガネ、シュノーケル、足ビレ）はとても安い。

泳げない子にはライフジャケットを着せて、水面に浮いた状態で川の中を見せるといい。海水より淡水の方がやさしい。浅いところも水の中は別世界で、一度きれいな川の中をのぞいた人はたちまち川人間になる。

「川ガキ養成講座」六年目の夏

二〇〇六年。吉野川「川の学校」の六年目。

二回目（七月）のキャンプを吉野川の支流、鮎喰《あくい》川でやった。「川の学校」の特徴は本人の希望でカヌー、釣り、飛びこみ、魚捕りなど遊びを自由に選べることだ。

この年嬉しかったのは、三人の卒業生が見習いスタッフとしてきていることだった。「遊び隊長」で司会や進行をやっているタクヤは大学二年生で、一期生の最も活発な生徒だった。

カヌー班は上流にいき、魚すくい班は橋の下の茂みで魚を追い、流れ班は沈下橋の上からライフジャケットを着けて飛びこみ、下流にプカプカと流れていく。下の方では釣り班が魚を釣っている。

夕方、講師の玄さんと川上裕がウナギ捕りの置きバリを作り、アユをぶつ切りにしてエサにし、川岸の茂みに仕掛けた。辰野勇が子供たちと川岸の竹を切りにいき、それで笛作りをした。

夕食後、講師たちによる夜話。辰野がさっき作った笛で、「もののけ姫」の曲をきれいに吹いてみせた。アイガー北壁の登頂と冒険について話し、終わりに「コンドルは飛んでいく」を吹いた。リンさんが落語の小咄をやり、お椀と茶碗を両手に、それを交互に差し出しながら、

♪お椀だぜい、茶碗だぜい……

と「聖者の行進」のメロディーで歌った。

夜が更けてきた。ガキ共があちこちで自分たちだけの火をおこし、遅くまで話している。本部テントの中では川ガキ卒業生の少年が、三線で沖縄の歌を静かにつまびいている。向こうでは誰かが子供たちのリクエストに応えて、ドラえもんとアンパンマンの歌をギターでやっている。

広い川原、焚き火、暗闇、星空。こういうところではどうしても話は異性の話になる。中一の男の子がいった。

「オレこの間、デートしたんや」

「それでそれで？」

「駅で待ち合わせてな、公園にいった」

「それからどうしたん？」

「アイスクリーム食べて、サイナラといって別れた」

一人の男の子は、バレンタインデーに女の子が手製のチョコレートケーキを持って家にきた。箱を開けるとホイップクリームで「好き」と書いてあった。

「わぁ、ええなあ。それでそれで？」

「そのケーキ一人でみんな食べた。うまかった」

二日目。飛びこみ班に参加した小五のタケシは、初め二メートルの高さからでも怖くて飛びこめない。スタッフの一人が彼を抱えて飛びこむ。鼻に水が入って苦しむタケシを見て、スタッフが「木の葉っぱを口にくわえろ」と教えた。水に落ちた時、葉が鼻をふさぐので水が入らないのだ。

箱メガネで川の中をのぞきこんで、小さな竿で釣る見釣りは人気がある。川底にいるヨシノボリの前にカワムシをつけたハリを差し出すとパクリと食いつく。二〇センチのギギを釣り上げる子もいる。

川上が潜るたびに、二〇センチのウグイや大きなテナガエビを突いてくる。子供たちがソンケイの眼差しで川上を見ている。川上はある有名企業の社長だが、子供はそのことを知らない。

「あの人、どうしてあんなに上手なんやろ？」

「息が長いから、水中で魚がくるのを待っておれるんだ。深くて暗いところや穴の中にいる魚もしばらく見つめていると、暗さに目が慣れて見えるようになる」

「凄え!」

「そう、凄いだろう。大人になると力がついて魚が捕れるようになるし、カヌーをやってもエスキモーロールができる。山にも岩にも登れるし、ギターも弾けるし、笛も上手くなる。大人になるっていいぞ。早く大人になるんだな」

三日目。本部テントの中でケンが捕ったカワムツをガラスケースの中に入れ、その絵を描き、日記を書いている。

「今日もガサガサをやった。魚をたくさん捕った。焼いて食べた。うまかった」

参加生の親からメールがきた。

「息子(小五)は川の学校からの帰り、車の中で、校長が何でも自由にしていいといってくれたことがとても嬉しかったとぽつりと口にしました。それじゃ、自由に必要なものは何か? と聞くと、『独立』と返答。義務じゃないの? と問い返すと、笑顔で『独立』といいました。息子なりに何か確信のようなものを掴んだのでしょう。この世の真実の一つを知ってしまった息子が、権力や体制に対してどのような反応・行動をするのか。親として覚悟していなければなるまいと思った次第です……」

川ガキを作るには

二〇〇九年初夏。徳島で「吉野川まるあそび」のイベントがあった。

吉野川で遊ばせ、魚を捕らせ、川に親しんでダムや河口堰が本当に必要かどうかを考えてもらおうという戦略である。二〇〇一年からやっている「川の学校」で、われわれは多くの川遊びの好きな子供を育ててきた実績がある。

今回の「まるあそび」は「川の学校」の卒業生及び若いスタッフが自主的に企画し、運営した。「川の学校」卒業生の最上級生には大学を卒業して就職した子もいる。一般の参加者に呼びかけ、もっと裾野を広げようというのが今回の目的であった。自分の子供が「川の学校」にいって、なにやら面白いことをやり、いい顔になって帰ってくる。どんなことをやっているのか保護者たちも興味津々だったのであろう。参加者も二五〇人という盛況であった。

吉野川の下流に善入寺島《ぜんにゅうじとう》という広さ五〇〇ヘクタールの中洲がある。大正初期まで三〇〇〇人の住人がいたのだが、度重なる水害に遭い、政府はここを遊水池として無人島にしたのである。

五〇〇町歩の無人島というとちょっとしたもので、何百人がテントを張っても平気だ。車で川原に入っていけるし、キャンプ地としては日本でも五本の指に入る条件を揃えている。

まず最初のメニューは追いこみ漁。川の中で一〇〇人ほどが手をつないで人間の鎖を作り、バシャバシャと音を立てながら一方に追いこむ。狙った獲物はゴリ（ヨシノボリ）だ。徳島ではうどんやソバのダシにこのゴリを使う。

ゲストに招《よ》んだのは、雑魚党の連中だ。

雑魚党の紹介をしたい。アウトドア雑誌『BE-PAL』に一〇年以上に渡り「雑魚釣りニュース」という五ページの連載をやっていた魚捕り集団だ。「雑魚釣りニュース」は「天は魚の上に魚をつくらず」とか「一寸の魚にも五分の魂」というキャッチフレーズのもとに、男たちが日本中で雑魚を捕りまくり、それを記事にしたもので、とても人気があった。元編集長が映画や漫画で名高い『釣りバカ日誌』の主人公のモデルになった人で、その人脈で日本一の「魚捕り好き」が集まった。ぼくもそこそこ魚捕りをするが、ぼくの目から見てもこの一党は天才揃いである。魚を見ると、それを必ず捕ってしまうのだ。

目の細い大きな網を張って、みんなでわいわいいいながら肩を組み追いこんでいくと、やがて網の中に数百匹のゴリが入った。釣りと違った面白さがある。

参加者はおそらくこういう漁の体験は始めてだったろう。五、六センチの小さな魚がひしめいている網を見て、歓声が上がる。

「これ、食べるの？」

と子供が親に聞いている。親は一瞬とまどって、どうしたものかと返事に詰まる。そこで雑魚党の

連中が、

「この魚、食べるんだぞ。うまいぞ」

というと、子供たちは手のひらの中に入れた小魚に見入っている。三、四〇代の大人たちは川で捕った魚を食べるという経験がない。

本部前の川原にカヌーを数十パイ並べ、カヌー教室をやった。絵本作家の梅田さん夫妻による「飛びだす絵本作り」が大テントの中で子供たちに人気を呼んだ。

夕方、雑魚党が置きバリを仕掛けにいった。エサはゴリまたはハヤ類。深さ五、六〇センチの川に置きバリを仕掛ける。一本一本に名札をつけた。

「魚はね、暗くなると石の下や穴から出てきてエサを食べるんだ。今見ても何も見えないけれど、夜になるとウナギやナマズが出てくる。彼らは肉食魚だからね」

「ふ〜ん」

こういうことに一番興奮しているのは子供だ。大人は小さい頃から、水に入ってはいけない、川遊びしてはいけない、と叩きこまれているから、川の自然に関する感性がなく、感動しない。

日が落ちるとあちこちの大型テントの下で屋台や川原カフェに灯が点いた。本部前のステージでは川ガキ卒業生たちの歌。これが上手いので感心した。

翌朝、置きバリを上げにいく。子供が父親のシャツの端をしっかり握り、川の中におそるおそる入っていく。

「やったー!」

見ると、五〇センチくらいのナマズが掛かっている。向こうの方でも声が上がり、そちらは六〇センチのウナギだ。それを目の前に持った男の子の嬉しそうな顔。

この二年生の子供はその後ぼくに、ウナギの捕り方について詳しく書いた手紙を寄こし、最後に「野田さんもやってみてください」とあった。一匹のウナギを捕って、彼はすっかり川ガキになった。この夏休みの間、彼の頭の中にはウナギやナマズが泳いでいるのである。

モテる男になるには

「川の学校」十二年目、一〇月のキャンプを吉野川の支流、鮎喰川でやった。

夜、上流の農家のおっさんたちに話をしてもらった。終戦直後の昭和二、三〇年代の日本の山村の人たちの暮らし方、川漁の話が面白かった。

「わしらが小さい頃の家の灯りはランプとロウソクやった。その頃の日本の川は魚がようけ捕れたなあ。川に立っとったら、足の裏に魚が潜りこむんよ。子供でも魚を手で掴みよった。その頃はダイナマイトが簡単に手に入ったけんな。それを川に放りこんで魚を捕んりよった。今はそんなことやっちゃいかんぞ。虫には効くが人畜無害の農薬や、自動車のバッテリーを使って魚を捕る人もおった。

俺はやっとらんけどな。君たちもやったらいかんぞ。それをやったら、捕まって手が後ろに回るけんな」

そういう違法行為をわざわざいわなければいいのに。どうしても昔話になると口が滑る。

「わしは釣りが好きでね、今年の目標はウナギ一〇〇匹やったけど、この前達成した。ウナギは夜、釣る。竿を一〇本くらい使うんよ。川の向こう岸とこっちの岸にそれぞれ投げこんでな。こっちで掛かって上げるやろ。餌をつけなおしていると、向こうの竿の糸が引いとる。とても忙しい釣りですわ」

二日目の朝。子供たちが前日の夕方に仕掛けた置きバリに、ナマズやギギが掛かっていた。子供とスタッフがさばき、唐揚げにした。

「ふわふわしてとても美味しい」

と好評である。向こうでは、スタッフ特製のタレで蒲焼にしている。講師のおっさんたちがそれを口にした。

「うん、これなら店にも出せる」

今期のスタッフ二十二名の内、七名は川の学校の卒業生だ。一人の青年の顔を見ながら、ぼくは一〇年前に小学生だった彼が、川に入って四〇センチのニゴイを突いて上がってきた姿を思い出した。

おっさんたちの指導で全員出動してガラ引きをやった。

今年は台風が多かったので川底の砂利がよく洗われ、ピカピカに光っている。

▲夕方、体の冷えた子供らはドラム缶風呂に入って体を温める。

「もう少し石に泥がついている方が、魚捕りにはいいんやけどな」

とおっさんがいった。

ガラ引きとはサザエの殻を一〇〇個ほど二〇メートルのロープにつけ、浅瀬に置いて半円形をつくり、ロープの両端をゆっくりと引く。サザエの殻がガラガラと音を立てて動き、底魚のゴリが驚いて逃げる。ロープの輪を少しずつ縮め、待ち構えた網に追いこむのだ。サザエのおどしの上を手や足でばちゃばちゃと掻き回し、大いに騒いで追っていく。こういう漁法は面白い。まさに狩猟である。

最後の詰めでひときわ高く歓声を上げ、網を上げた。

体長五、六センチのヨシノボリが二〇〇匹ほど捕れた。徳島ではこの魚をジンゾクと呼び珍重する。村祭やめでたい祝いの時、地域の人は全員川に繰り出して、ガラ引きをする。これで捕ったジンゾクでダシをとり、うどんやそばを食べる。

ガラ引きを三回やって、バケツ二杯の魚を捕った。子供たちがバケツの中に手を入れて、魚を掻き回し、ほくほくしている。捕れた魚は佃煮にした。「できたよ!」と叫ぶと、みんながわっと寄ってきて口に入れ、大鍋の魚はすぐに子供たちの腹に納まった。ここでは捕った魚はすぐに食べてしまう。

川の学校では「魚捕りの上手い人」、「潜りの上手い人」は一目置かれる。子供たちはそんなたくましい仲間やスタッフ、講師を尊敬の眼差しで見る。「とてもかっこいい!」という。早く大きくなって、自分もあんな大人になりたい、と思うんだそうだ。

初回の頃は魚の捕れない子がしょげていると慰めたりしていたが、次第にそれをしなくなる。それは自分が下手なのであって、自ら努力して上達するしかない。実力の世界だ。捕れなければ、それは自分が悪いのである。自己責任の世界だ。自分の楽しみは自分で見つけ、自分で創れ。上手くなればとても面白いし、下手だと川遊びはつまらない。

カナダやアラスカで子供たちに、一番尊敬する人は誰か？　と聞くと、その地方で最も腕のいい猟師の名前を挙げる。身体能力、判断力、自然や動物に関する知識と体験。ハンターは、彼らが人間にとって最も大切だと考える資質を持つ人なのだ。

カナダ、ユーコン準州の州都ホワイトホース（人口約二万七〇〇〇人）で、中学校にいったことがある。その時、たまたまそこでナンバーワンの猟師が車に獲物を積んで、近くを通りかかった。授業中の生徒たちが目ざとくそれを見つけ、彼の名前を口にして、わっと窓際に群がった。教壇の教師は仕方がないと諦め顔だ。ここではアウトドアの上手い人が一番モテる。いいところである。

北の川で川ガキを作る

北海道尻別川の倶知安《くっちゃん》の人たちから、川遊びをやりたい、といってきた。吉野川でやっている「川の学校」の北海道版をやってくれ、というのである。

吉野川では川の水温が高く、水がきれいなのでいろいろな川遊びができる。それが水温の低い北の川でできるだろうか、という不安があった。時期は九月だ。

倶知安のアウトフィッターが昨年に引き続き全面的に協力してくれた。オーナーのロス・カーティーはオーストラリアからやってきて、それまで誰も見向きもしなかった尻別川をラフティングの名所として有名にした起業家の一人だ。最近、北海道にくる修学旅行生はほとんどラフティングをやる。尻別川にいくと、数十隻のラフトが連なって流れてくる光景がいつも見られる。そして冬はスキー、スノーボード、スノーシューの講習、ツアーをやっている。ここの雪は有名なパウダースノーで、スキーをする人にはとても評判がいい。オーストラリアやニュージーランドの人は冬になると、今までヨーロッパのスキー場にいっていたが、向こうの雪はボタ雪なのでここの雪が断然いい、という。

前夜にぼくのカヌーの旅のスライドショーをやり、大きな焚き火を囲んでハーモニカのライブをした。

当日はアウトフィッターの事務所で、参加者は全員ウェットスーツを着た。出発点にバスで移動して川に降りる。前日、ぼくはスタッフの青年たちとカニカゴや網カゴを尻別川の淵に一〇個ほど放りこんでいた。まずは子供に魚を触らせたいのである。捕れたのは二〇匹ほどのウグイとカジカであった。

あたりの草むらでガサガサをやった。一人の少年がヤツメウナギを捕った。手作りの箱メガネで川底をのぞき、叫んでいる子。彼は初めて川の中を見、初めて生きた魚が泳いでいるのを見たのだ。水溜まりの魚を捕ろうと、バケツで水を汲みだして掻い掘りをする者もいる。みんなウェットスーツを着ているので冷たい川も平気だ。ぷかぷかと川に浮いて流れていくのを楽しんでいる親子。来年はこの川に多いニジマスやヤマメを捕ってやろうと思った。

十二、三隻のラフトとダッキーで出発。

ぼくの前を漕ぐのは七歳のマー坊だ。彼が初めての川下りで勇気凛々、武者震いしているのが一目で見て取れる。そうだろうな。北国の子供にとって水の上での自由さは驚異だ。大勢の仲間と歓声を上げながら川を滑っていくのは、とんでもなく楽しいことだったろう。マー坊の腕に力が入り、ぐいぐい漕いでくれるのでぼくは楽だ。

ラフトを漕ぐアウトフィッターのガイドたちはよく訓練され、遊ばせ方がとても上手だった。深みの岸の上にラフトを三つ重ね、その上からみんなを飛びこませる。怖がっている子供を前に、彼らは反転宙返りをして飛びこんで見せた。すると子供たちは「ぼくも、ぼくも」と競って飛びこむのだ。昼食をとった場所では地元の人が大きな鍋で豚汁を作ってくれた。

ガイドの青年たちにインタビューをする。北海道以外の内地出身者が圧倒的に多い。

「アウトドアが好きで、なんとかそれで食っていけないものかと考えている時に、野田さんの本に会って北海道にきたんです」

「それは光栄だな。それで今の生活はどうだ。君の探しているものは見つかったか?」

「夏はラフトのガイドをやって、冬はスキーのインストラクターです。毎日面白いですよ。ここの会社は給料体制がしっかりしているので、生活が安定しました。これだったら結婚できますね」

「あとはいい女性を見つけるだけだな」

別の青年に訊く。

「ここは外国人が多いので刺激的ですね。毎晩ビールを飲みながら話をするのが楽しいです。もう少し英語を勉強して、海外にいこうと思っています。冬になったらニュージーランドのカヌーガイドをやってみたいですね」

日本の冬は南半球のニュージーランドでは夏なので、一年中カヌーガイドで食っていける。アウトドア好きの青年がそれで生活できる世の中になったのだ。そのことをまず喜びたい。ぼくはいった。

「ラフトやカヌーの腕さえよければ世界中を渡って食っていけるよ。この間、アラスカで会った男はラフティングのガイドをやっていたが、まずはアメリカの本土でガイドを始め、それからカナダにきて腕を磨き、今はアラスカにいる。彼は腕がいいので各地から声が掛かる。北欧の川でもラフティングが盛んになっていて、デンマークのカヌー会社に呼ばれていったことがある。北欧人はみんな太陽崇拝者でヌーディストが多い。若い女の子がまったく恥ずかしがらずに彼の目の前で着替えるので面白かったそうだ。彼は今まで定職に就いたことがない。あちこちの仕事をするだけで十分金を稼いでいる、といっていた」

「定職」という概念に縛られている人々には想像ができない人生である。

カヌーキャンプでカエルとナマズを食べる

琵琶湖で雑魚党とカヌーイベントをやった。この湖は湖北にいくと水がきれいで、昔の自然が残っている。琵琶湖周航歌の文句にあるような、白砂青松のビーチがあちこちにあるのだ。

ずっと以前、京都にいた頃、琵琶湖はぼくには最良の遊び場であった。水温が高く、魚が多い。夏になると人気のあるビーチは人で賑わうが、五〇メートルも沖に出ると誰もおらず、ぼくはそこで思う存分潜って魚を突いていた。

ぼくがよくいったのは湖の真ん中の西岸にある近江舞子で、一〇メートルも潜るとコイ、ニゴイが群れていた。もっと深く十五、六メートルほど潜るとナマズがいた。毎日それを料理して仲間たちと食べた。琵琶湖の漁師たちはおおらかで、ぼくが大量の魚を捕ってもみんな笑っていた。彼らはビワマスやアユなどの高級魚で商売しており、コイやニゴイなどは問題にしなかったのだ。

今回、湖北のマキノに潜ってみて琵琶湖が昔とあまり変わっていないことを発見した。

この日の参加者は子供連れ、犬連れが多かった。子供を泳がせている母親がいった。

「松林の中のキャンプは初めてだけど、いいですね。海より淡水はやさしいいし、犬も子供も喜んでいます」

水辺のキャンプでは魚を捕ったりそれを食べたりするのが一番だ。それで、お馴染みの雑魚党の連中にきてもらった。彼らは前日からキャンプ場にきて、どこでどんな捕り方ができるか周辺のリサーチをしていた。湖北には田んぼの用水路が多く、素掘りの水路には魚が多い。

親たちがカヌーを組み立てて湖を漕ぐ間、子供たちを連れて小川にいく。網を手にして子供たちに説明する。

「網の底辺を川底にきっちりとつけないと魚が逃げるからね」

魚捕りの基本は網を動かさず魚を追いこむことだ。一人の子供が網を動かして魚をすくおうとしたが入らない。しばらくやっているうちに魚の方が網の動きよりも早いことがわかってくる。少年が上げた網の中に銀色の魚が跳ねている。小さなフナである。子供たちがあちこちで歓声を上げてガサガサを始めた。「やったー、ドジョウだ!」「ザリガニが入った!」

一人の少年の足元で大きな魚が跳ねて逃げていった。ナマズである。ある子供は網に入ったザリガニをつまみあげてまじまじと見つめている。子供には生き物を捕るのが一番面白い。水路の端まで逃げていったナマズが最後に誰かの網に入った。獲物をバケツにたくさん入れて、凱旋する子供たちの顔がいい。

捕ってきた魚をガラスの水槽に入れて、横から眺める。ナマズを初めて見る子供が水槽に顔をくっつけて動かない。なんて変わった魚だろう。別の子供はコブナが気に入った。小さいながらちゃんと魚の形をしていて、丸く大きな黒い目が可愛い。これらの半分は雑魚党が唐揚げにして、子供たちの

▲コンクリートを使わない水路は魚が多い。フナ、ドジョウ、ナマズが捕れた。

腹の中に納まった。

湖畔にきてカヌーを漕ぎ、魚を捕ってそれを食べる。焚き火を囲み、ビールを飲みながら歓談。この日の湖畔の自然は美しかった。

翌朝。前の日に漁協の人が仕掛けてくれた網を上げると、琵琶湖特有の魚ハスが数匹掛かっていた。大きさ二十五〜三〇センチの獰猛な肉食魚だ。

「これ、どうするの?」と子供たち。

「捕った魚は食べる」と雑魚党。

そのあとは投網教室。なかなかうまく開かないが、魚が網に入ると子供がわっと走りよって魚を抑えて捕る。こういうのが一番楽しい。

数十匹のアユを捕ったが、これだけでは足りないので、あたりを見回すと横のドブ川にウシガエルがいた。「よし、あれを捕ろう」とリール竿にイカリバリをつけ、ハリの上に赤い布を結びつける。それを持って雑魚党が歩くと、ハーメルンの笛吹きのように後ろから子供たちがぞろぞろとついていった。

カエルの上にそっと赤い布を近づけると、ぴょんと飛びついて掛かる。体長三〇センチの大型のカエルだ。初めて見るウシガエルをぎゅっと掴んで頬ずりしている子もいる。

「これ、どうするの?」

「もちろん食べる」

「……!!」

子供たちは雑魚党が手際よくカエルを切り、足だけにして、唐揚げにする過程をじっと見ていた。そしてフライになると奪い合って食べた。子供たちに訊いた。

「何が一番美味しかった?」

「カエル」「ぼくはナマズ」「私はザリガニ」

彼らはわれわれが考えている以上に順応性があり、タフである。

かくして、大人たちはカヌーとキャンプに、子供たちは魚捕りとそれを食べたことに大いに満足して帰っていった。

「自由な学校」の生徒たち

徳島のある川を下っていると、一〇人ほどの子供たちが川原で遊んでいた。

驚いたのは彼らの敏捷さ、川遊びの上手さである。川原から続いた土手を素早く駆け上る。岸の大木にサルのようにするするとよじ登り、横に伸びた枝の上を上手くバランスを取って歩くのだ。昔の子はこのくらいのことはやっていたな、と自分の子供の頃を思い出した。彼らは近くにあるTOEC(トエック)という名のフリースクールの児童であった。

その子供たちがぼくの家に遊びにきた。五歳から十二歳までの十七人である。自分たちで艇庫からカヌーを担ぎだし、庭の池で漕ぐ子供たちをぼくは感心してみていた。大人の手を借りず、他の子が乗る時はきちんと岸からカヌーを支えている。命に関わるような危険な時だけ、「それはやめた方がいいと思う」と付き添いのスタッフがいう。「ダメ」、「危ない」などの禁止の言葉がない。

下の畑で模型飛行機を飛ばしたり、犬とフリスビーをしたりとみんなが遊び始めた。

家の屋根に乗った飛行機を取るのに梯子をかけると、みんなが上りたいといった。全員乗るとトタンの屋根がへこむだろうから四人ずつ上ることにしよう、と子供たちが相談して決め、順番に上がった。気をつけろ、と注意しようとすると、スタッフが「大丈夫です。うちの子は落ちません」といった。いつもやっているのだろう。屋根に載ったソーラーパネルを「こんなに近くで見たのは初めてだ」と喜んでいる。

広い畑の真ん中にあるフリースクールでは、登校すると一日の初めに自分が何をするかスタッフと相談して決める。勉強したい子は勝手に本で勉強する。魚を捕りたい子には近くの川で魚捕りをさせる。興味を持ったことは徹底的に本や辞書で調べるという。教室で一時間ごとに科目を変えて教えるといった授業はしない。今の日本ではこんな学校は許されていない。但しその子の住所地の小学校に籍だけ置いて、とりあえず卒業だけは認めている。

「中学校に入ってからついていけるの?」

「最初は戸惑っていますが、自分でいろいろ努力してすぐに慣れます。高校入試で進学校に受かる子もいます。そういう苦労もいいじゃないですか」
自分の判断で行動することに慣れている子供は、見ていて気持ちのいいものだった。
二、三年前の夏、この学校の六年生の児童二人が彼らだけで九州まで旅行した。彼らが調べて提出した計画表を見て、校長は子供たちだけでいけると判断した。二人は徳島から門司にいき、鉄道博物館を見、何回も電車を乗り換えて佐賀に向かい、知人の家に泊まって帰ってきた。旅の途中、二人は別れて一人になる時間を作り、単独行を満喫した。一人旅の子供は珍しいので多くの人が不思議な方言で声を掛けてくる。じっくりと話をし、それがとても楽しかったそうだ。
今の子供には自由がない。子供に好きなことだけさせたら教育にならない。苦手なことをさせるのも教育だ、という人もいるだろう。しかし、ぼくはこのフリースクールの子供たちを見ていて感心することが多かった。何よりも彼らは自立していた。

そのうちに一人の女の子が急に地面に座りこみ、弁当を広げて食べ始めた。自分の頭より大きなドカ弁で、それをみんな平らげてしまったのでおかしかった。もう一人の子は弁当を立って食べていた。途中で庭の隅の岩に登り、そこで池や遊んでいる友だちを眺めながら食べた。何でもありなのである。「ご飯はみんなで一緒に」とか「行儀よく食べましょう」といった規則は意味のないことなのかもしれない。
数人の男の子が、探険しよう、と裏山に入った。そこには十五年ほど前にぼくが掘った八畳くらいの池がある。それにボウフラが湧いたので蚊絶やしに数匹の魚を入れ、その後すっかりその池のことを忘れていた。

子供たちはそれを見つけた。いつも身につけているテグスとハリを落ちていた竹の棒につけ、餌は弁当のおかずのチクワや米粒だ。糸を垂らすと、驚いたことに池は魚で充満していて入れ食いになった。放流したカワムツが繁殖したのだ。餌がなくなると、彼らは釣った魚の身を切って使った。ナイフがなかったので、足元の平たい石を拾って別の石でごしごしと研ぎ、石包丁を作って切った。魚を釣るために彼らがいろいろ工夫する発想の自由さが素晴らしい。

庭で焚き火をし、イモとリンゴを焼いて食べる。子供の一人が手に炭をつけて水を掛けると、絵の具のようにのびることを発見した。思わず他の子の顔にそれをつける。みんなが炭をなすりつけ合い、全員顔が真っ黒になり、ぼくは笑った。

子供は火と水と泥が好きだ。汚れたり濡れたりすることを叱ってはいけない。自由を与えれば、子供はこんなに生き生きとなるのである。

自然の遊びは進化する

この数年、徳島の夏の川の風景が少し変わった。大中小の川に大人や子供が入り、遊んでいる光景があちこちで見られるのだ。

これまでそういう風景は少なかった。川好きの人から見ればよだれが出そうないい川、つまり水がきれいで、潜れば魚がたくさんいそうな川で遊ぶ人たちの姿はほとんどなかった。

それが最近は、夏になるごとに人が増え、親が子供を川に放りこみ、歓声を上げている。「川の学校」その他の活動で、子供を川で遊ばせる風景がテレビや雑誌、本などでたびたび取り上げられ、人々の耳目に触れることが多かった。それで、人々は川を思い出したのである。

そうだ、われわれが小さい時は、夏になると子供はいつも川で遊んでいた。川では子供たちの歓声が空に響き、日本の夏の風物詩を作り出していた。

仲間の歓声を聞くと、田舎の子供たちはいても立ってもおれなくなり、夏休みの宿題や、母親の制止、父親にいいつけられた草刈りの仕事を放りだして、一目散に川に駆けていったものだ。その時の川への憧憬、胸が痛くなるような恋しさを日本の五〇代以上の人は共通体験として持っている。

その川が「危険」といって遊泳禁止にされた。四〇年後、その時の子供たちが親になり、世にも不思議な絶望的に水に弱い国民ができあがった。川に入るとすぐに死ぬのである。

三十数年前に四万十川がマスコミに取り上げられ、日本中から注目され、日本最後の清流として一躍有名になった。日本中からカヌーを持った人たちが四万十川に押し寄せた。どこでもいい、四万十川の岸に立って川を見渡すと、常に数ハイのカヌーが川を下っている図があった。それは四万十川の定番の光景になった。猫も杓子も四万十川にきたがった。

当時、日本の川の九割はダムや河川工事で潰されていたから、四万十川にきた日本人は驚嘆した。南国の暖かい川の水は澄んでいて、一〇メートル先の魚が見えるのだ。争って川に入り、美しい川の水を楽しんだ。

その時、愕然とする思いでわれわれが知ったのは、過保護に育てられた日本の青年たちのことだった。彼らは流れのある川で泳ぐと、すぐに溺れるのである。

ある年の夏、四万十川では数人の青年が溺死した。詳しく話を訊くと、川で泳いでいると、当然のことだが下流に流される。そこで驚いた青年は、元いた場所に戻ろうと上流に向かって泳ぎ、力尽きて死んだという。

そんなバカな、とわれわれは思った。動物でさえ川に落ちると、流されながら浅い岸に向かって泳ぐ。ところが、日本の青年たちはどういうわけか元いた場所に戻ろうとするという。

大人たちが子供にあまりにも干渉し過ぎた結果、子供たちは判断する能力を失っていたのだ。年寄りが死ぬのと違って、青春の盛りの若者の死は痛ましい。彼の夢や希望や恋がそこで消えるのだ。

その後、四万十川の警察はカヌーを見ると、

「気をつけて下るように」

といちいち注意するようになった。まったく日本的なお節介である。

「要らん世話だ」

とぼくがいうと、その警官はいった。

「だって人が死ぬとそれを家族に通報するのは私なんです」

日本人の軟弱化、幼稚化はこんな具合だ。

われわれは遊ぶ時、危険と安全の境界線上をバランスを取りながら行動する。危険の度合いが大きいほど、遊びは面白く、技術が向上する。

しかし、今の学校や家庭では、危険の要素を一切取り除き、その中で遊ばせる。子供は遊びの中でどこまでやれば危険か、危険でないかの判断ができなくなる。現在の子供の両親たちはそういう風に育ってきた世代だ。

遊びが面白いのは自分の判断で行動するからだ。それをやっているうちにどうすれば危ないか、危険を避けるにはどうすればいいかを体得していくのだ。

現在、ほとんどの大人が大型遊園地で遊ぶのが一番面白いと思いこんでいる。高額の入場料を払い、長時間待たされ、提供される人工の遊びはすぐに飽きる。

一方、自然の中での遊びは進化する。やればやるほど上達し、さらに愉しくなる。しかもレジャー施設と違ってタダだ。次第に魚捕りが上手くなり、アユやウナギやテナガエビを捕り、それをみんなで美味しく食べるという快楽も生まれる。

もっと子供に自由を与えたい。

子供たちには疲れて倒れるまで、とことん遊ばせてやりたいと思っている。

子供と犬は
川の広い空間を好む。
野田知佑

撮影：渡辺正和

信頼に足る大人

石川直樹（写真家）

昔と変わらぬ歯切れの良さと鋭い舌鋒が冴え渡っている。最近はヒマラヤやアラスカの山にばかり行って、川から少しばかり離れていたのだが、本書を読み、一〇代の自分が野田さんの影響を大いに受けてカヌーをやりはじめ、ユーコン川や長良川を旅した時のことを鮮明に思い出した。

野田さんは読者を挑発する。「日本の青年たちよ、一人でユーコンにきて、孤独な旅をしてみないか」「青年は孤高であるべし。そして、荒野を一人で歩かなければならない」。こうした一文は野田さんの実体験と相まって実に説得力に富み、なめらかに読者の内奥に突き刺さる。読んでいる自分が青年と呼ばれる時期にあるなら、なおさらその挑発に乗らないわけにはいかない。かくいう自分も、野田さんの言葉を正面から受けとめて、世界へ旅立っていった一人である。

こんな言葉にもしびれる。

誰かナイル川を下ってみないか。

多分、君は死ぬだろうが、それは青年にとって悪い死に方ではない、とぼくは考える。ぼくやモンベルができるだけの応援はするよ。

このようなことを言い切ってくれる大人は、野田さんをおいて他にいない。だからこそ、親や教師に反抗ばかりしていた中高生の自分にとって、野田さんはヒーローであり、唯一の信頼できる大人であった。遊ぶこと、自由であること、孤独であることを力強く肯定してくれた初めての人が、ぼくにとっては野田さんだったのだ。

川下りも一人旅も、本質的には反社会的な行為である。すなわち「安全な川下り」や「安心して旅行する」などといったことを言う人がいたら、それはまやかしに過ぎない。川に限らず山でも海でも、一人で旅することは本来危険で、旅とはそれを認めた上で行なう自立した行為だろう。

野田さんは一貫して冒険者の側に立ち、社会の内側で徒党を組んで規則を押し付けようとする人々に真っ向から異を唱え、一方で冒険に出ようとする者の背中をポンと押してくれる。

この人は、信頼に足る。二〇年以上前に初めてお会いした時から、その印象は変わらないどころか、本書を読んでその思いをさらに強くした。

一〇代二〇代の若者にこそ読んでもらいたい。あの頃の自分のように、未知の大河へと漕ぎ出す勇気をきっともらえるはずだ。

のだ　ともすけ

1938年生まれ。熊本県出身。カヌーイストであり、川遊びカヌーを提唱した日本のツーリングカヌーの先駆者。国内外の川を下ってアウトドアエッセイを書き、自然を破壊する無益な公共工事に警鐘を鳴らす。少年時代に疎開した熊本県菊水町（現和水町）で魚捕りに夢中になる。大学卒業後、英字新聞の販売拡張員をしながら日本各地の川に潜った。1965年、シベリア鉄道経由で渡欧し放浪。帰国後、高校の英語教師、雑誌記者などを経て、1982年に『日本の川を旅する』で日本ノンフィクション賞新人賞を受賞。1998年、一連の活動に対して、毎日スポーツ賞文化賞を受賞。2022年３月死去。
主な著書に『旅へ』『少年記』『のんびり行こうぜ』『カヌー犬・ガク』『北極海へ』『ユーコン漂流』『世界の川を旅する』『ダムはいらない！新・日本の川を旅する』『川の学校』『ユーコン川を筏で下る』など。

この本に収録された作品は、モンベル発行『OUTWARD』誌に1996年から2016年まで連載したエッセイに修正、加筆したものです。

ナイル川《がわ》を下《くだ》ってみないか

2016年11月5日　初版第1刷発行
2022年6月30日　　第4刷発行

著　　者＿野田知佑
発 行 者＿辰野　勇

発 行 所＿株式会社ネイチュアエンタープライズ
〒550-0013大阪府大阪市西区新町2-2-2
モンベル本社内

営 業 部＿電話：03-3445-5401
FAX：03-3445-5415
モンベル・ホームページ：https://www.montbell.jp/

デザイン＿竹本晴彦（表紙）／根本尚史

印刷・製本＿株式会社サンニチ印刷

ISBN978-4-9908067-3-6